育つ・つながる

子育て支援

具体的な技術・態度を身につける32のリスト

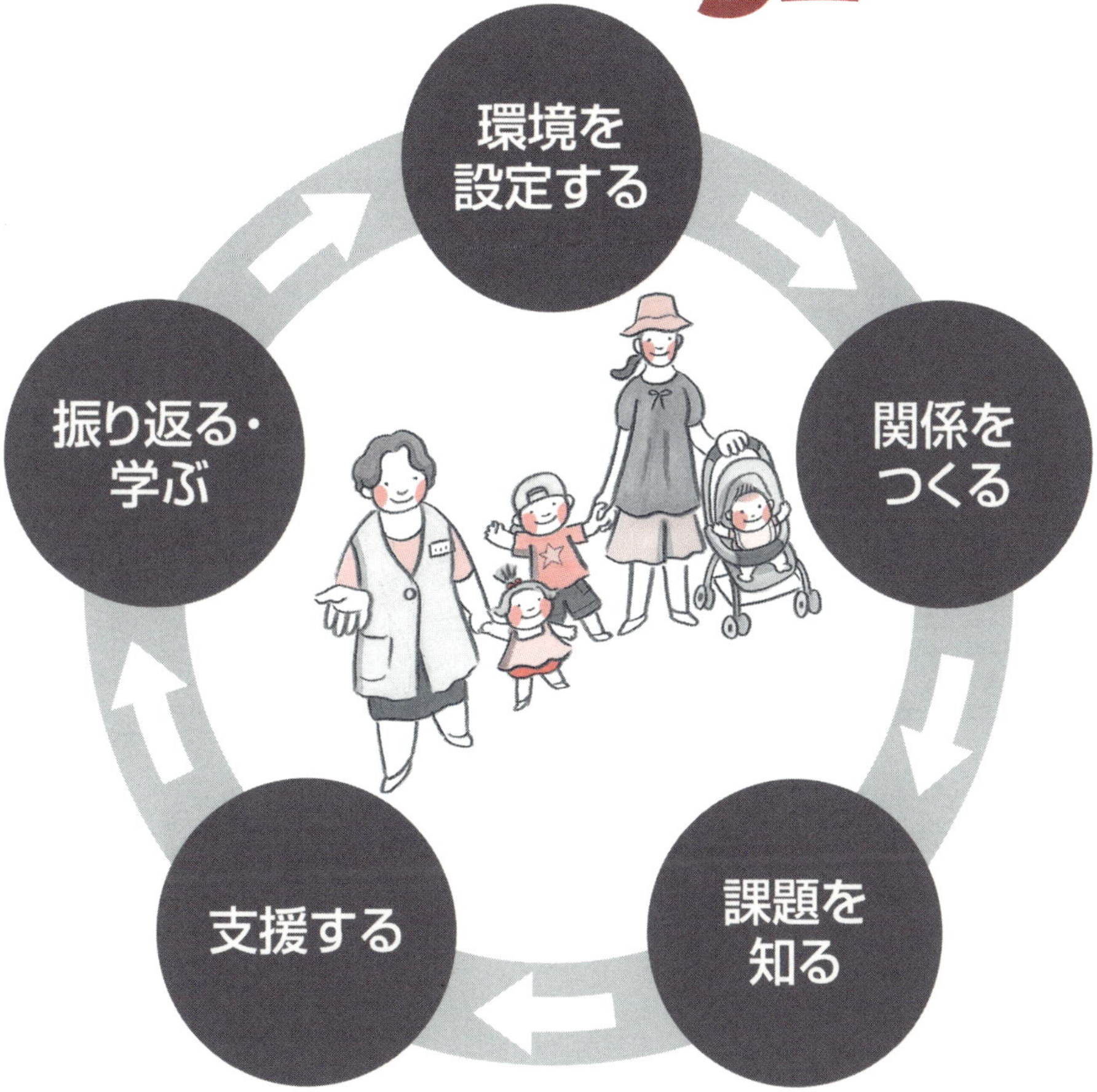

子育て支援者コンピテンシー研究会／編著

チャイルド本社

はじめに

こんにちは。私たちは「子育て支援者コンピテンシー研究会」です。コンピテンシーって何かって言いますと「ある分野で成果をきちんとあげられる人たちに共通の知識・技術・態度」のことです。つまり、私たちは「子育て支援をする人たちが、利用者の人たちが楽しく子育てできるようにお手伝いをするとき身につけておくべきこと」を研究して、それが身につくようにするにはどうしたらいいか、考えてきたわけです。

日本で子どもを育てることが以前よりも困難になって久しくなりました。子どもは人と人の間で、あるいは自然の中で育つものですが、その環境が必ずしも保証されなくなりました。そして、親による子育てを社会的に支援することが求められるようになり、子育て支援という言葉ができて、活動が広がって20年ほど経ちました。その役割を担う人たちを『子育て支援者』と呼ぶようになりました。最初は子育てサークルのようなお互いの助け合いから始まり、ＮＰＯができ、行政が支援するようになり、保育園、幼稚園、企業も加わって、子育ての社会化の必要性が認められてきています。

ところが、実際のところ、子育ての支援の場や機会は増えたものの、社会環境の変化、暮らし方の変化、子どもたちの発達の変化など、さまざまな要因の中で、子育てが楽になる兆しはまだまだありません。また、さまざまな子育て支援をすればするほど、お母さんたちの自主的な活動が減ってきて、子育ての外注化が始まってしまいました。第二子を生みたくない、自分で育てたくない、という本音も聞こえてきます。

そんな中で、私たちは一体、どんな支援をすればいいのでしょうか？

時代は急速に変化し、家庭や地域での養育環境もどんどん変わって、子どもたちの発達の様相も、親たちの養育力や養育方法も変化しています。単にかつての経験や資格だけではもう対応できないのです。多様な家族の多様な子育てへの対応は、善意と熱い想いだけではできないのです。

これまで子育て支援は、多くの心ある人々によって支えられ、推進されてきました。私たち研究会メンバーもそれぞれがいろいろな活動をしてきたのですが、高山静子、今井豊彦、武田信子が顔を合わせたときに、子育て支援の量は充実してきたけれど、質はどうなの？　ということが話題になりました。そして、子育て支援者の資質について研究してみようか、という話になり、いろいろな分野の他のメンバー（峯村芳樹、汐見和恵、築地律、渥美由喜）も誘ってと話が進んで、現場の皆さんや他分野の実践家や研究者など、多くの人たちにご意見をうかがいながら、こども未来財団の資金援助を受けて三種類の「子育て支援者のコンピテンシーリスト」（要素編・直接支援者向け・ひろばスタッフ基礎編）を作成しました。

最初に作ったリストから何回も改訂を繰り返し、「笑顔で利用者を迎える」という、誰にでもできそうなことが実はなかなか難しいことだっていうことをどうやって伝え、どうやって研修していけばいいのか、というようなことを一項目ずつ話し合いました。

そのリストをもとに、私たちの考えたことをわかりやすく伝えたい、という思いで作成したのが、イラスト満載のこの本です。日々の実践の中で「私たちの場にはこれがいい」という体験を積み重ね、どんどん自分たちのテキストにしていってください。またそれを私たちに教えてください。子育て支援は、一方的に支援したり教えたりするものではなく、みんなで誰もが住みやすい社会を作り上げていくプロセスなのですから。

なお、もとになった3冊のリストは今は在庫がありません。でもこの本にはその3冊のリストに私たちが込めた思いやエッセンスが凝縮されています。この本が皆さんの実践のお役に立つこと、そこから日本中の子どもと親の幸せに、皆さんのお力でつなげていただけましたなら、研究会としてそれ以上にうれしいことはありません。

子育て支援者コンピテンシー研究会
武田信子

目次

LIST

COMPETENCY

用語解説

利用者

この本の中で「利用者」と表示している場合は、子どもと大人の両方を指しています。「親」と表示している場合は、親・養父母・養育者などを指しています。居場所には、母子のみでなく、父親や親戚や近所の大人など、子どもの世話をする大人＝養育者であれば誰でもが子どもと気楽に来られるような雰囲気があるといいですね。そして、もちろん、利用者というのは、その場をつくる大切なメンバーです。

支援者

スタッフとして交流の輪に入る人たちを「直接支援者」と呼び、この本では「支援者」と記述します。「支援者」が、組織のリーダーや施設管理者を兼ねる場合もあります。有償の場合もボランティアの場合もあります。

場をつくる

この本で「場」とは、単に空間が確保された状態を意味するのではなく、空間に集う人々の関係や、空間に人が集まったときの雰囲気なども含めています。「場をつくる」とは環境を整えたり、さりげなく動いたりすることを意味します。

主体性

この本では、主体性をもつということを、とても大切に考えています。一方的に、「いいことをしてあげている」と思いこんでやっていると、いつの間にか相手の「やって〜〜」という受け身の気持ちを育ててしまいます。自分でできるところまでやってみよう、工夫して乗り切ろう、という「主体性」を、気がつかずに奪わないようにしましょう。みんなが自分のもっている力を出し合って、お互いさまで支えあう双方向の助け合いが、地域全体に広がっていくようにしたいものです。

序章

改めて子育て支援って何か考えよう

こんな居場所をつくりましょう

この本は、乳幼児を連れた大人が自由に訪れ、自由に過ごすことのできる地域の居場所（注1）で、スタッフとして活動する方たちのテキストです。

（注1）この本では、養育者親子が過ごすこのような場を、子育てを支える活動の中でも特に「居場所・交流型」の子育て支援の場と呼びます。そのような場には、子育てサロン、つどいの広場、地域子育て支援センター、児童館、プレーパークなどいろいろな場があります。

こんな場所

そこに行けば誰かに会える

みんないっしょに育つ

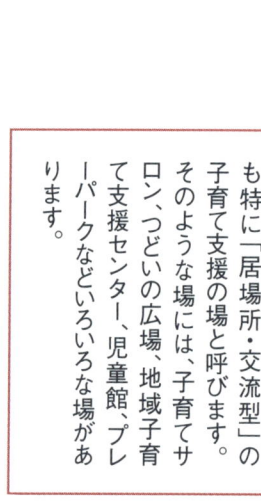

居場所や交流の場は

くつろいだ気持ちになれる

多様な生きた情報が得られる

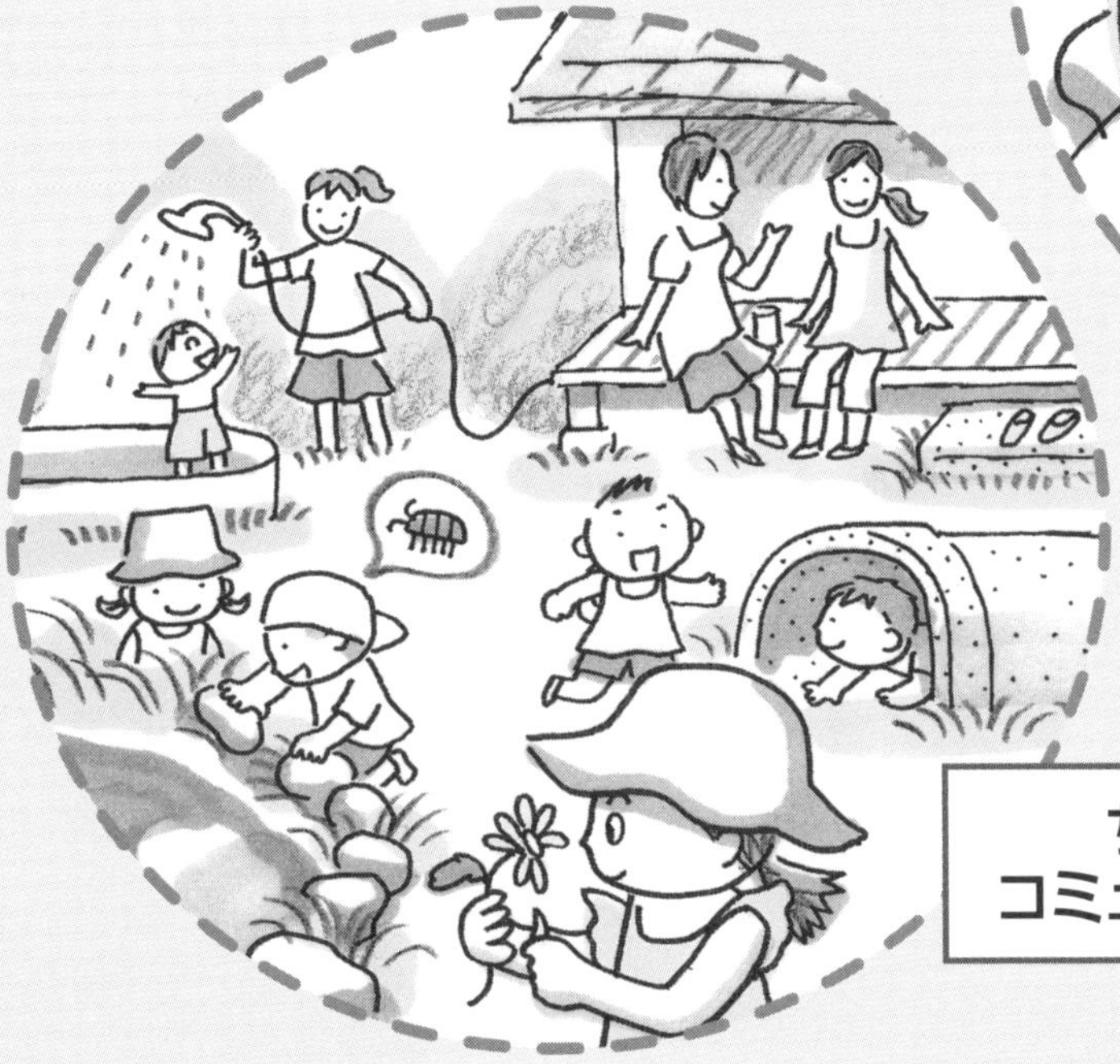

ちょうどよい距離の
コミュニケーションを育てる

子育て支援って何をすること？

子育て支援とは、左の図で「右側の状態になっている親子が左側の状態になるようにするあらゆる取り組み」のことです。

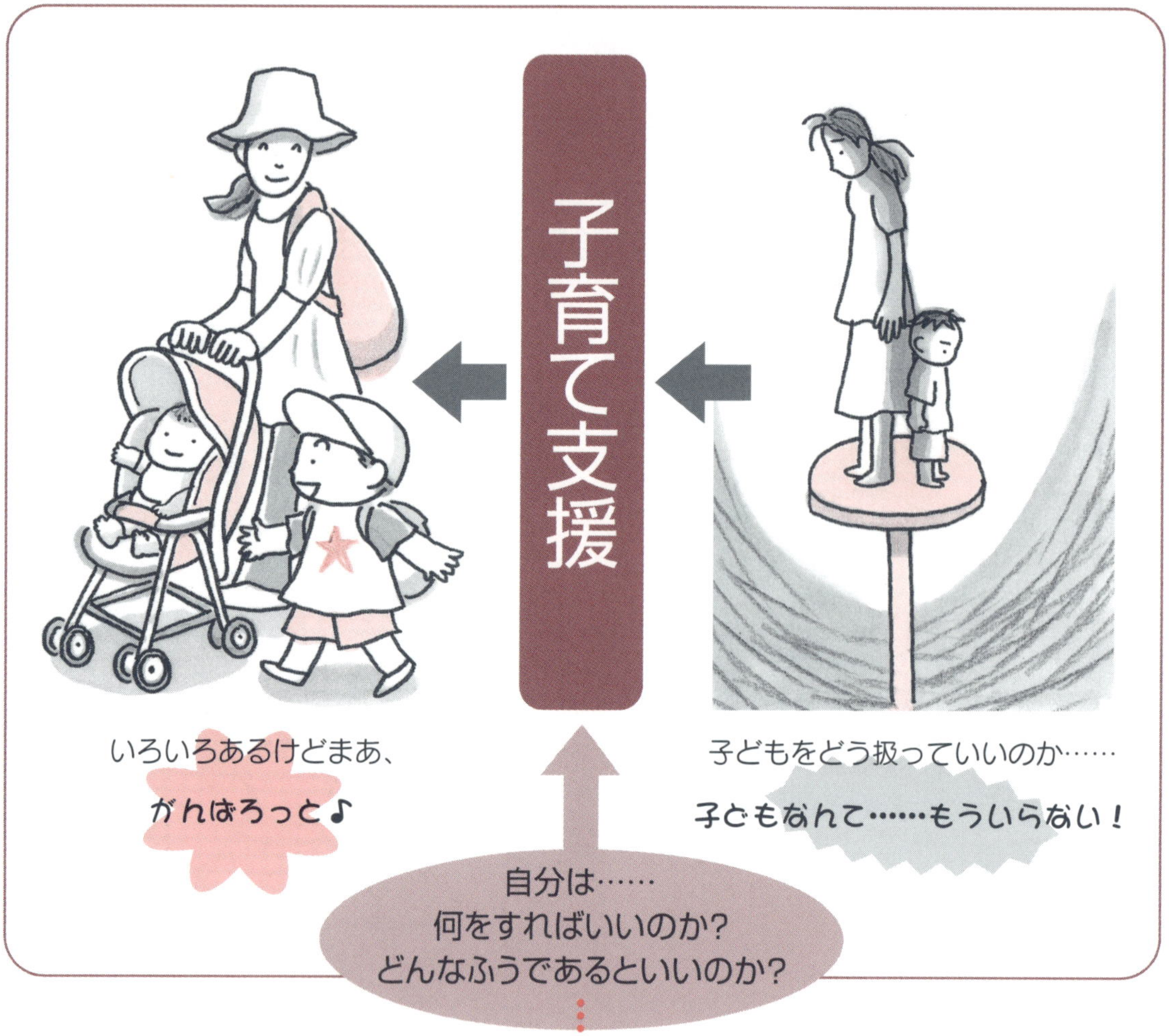
子育て支援
いろいろあるけどまあ、
がんばろっと♪
子どもをどう扱っていいのか……
子どもなんて……もういらない！
自分は……
何をすればいいのか？
どんなふうであるといいのか？

親も子もニコニコ過ごせるようにするための取り組みにはいろいろありますが、
この本では、地域の居場所作りに役立つためのヒントをたくさん載せました。

コラム 子育て支援という言葉について

〜を助けてあげよう、教えてあげよう、と思う気持ちはとても大事な気持ちです。でも、「〜してあげる」という場合、自分が上に立って未熟な人を救おう、という「メサイア（救世主）」の気分になってしまっていることがあります。子育てを支援する、というときにも、その点について吟味しておくことが必要ではないでしょうか？

こんなふうに育てるといい、というイメージを皆さんはもっておられるかもしれませんね。でも、子どもやその親というのは、多くの人のさまざまなかかわりの中で育っていくもので、いい子育てとか正しい子育て、というものがあるわけではありません。自分がこうするのがいい、と思っていても、それが本当にその子どもと親にとってよいことかどうかは、その子の生活全般の中で考えていかないと見えてこないものです。

「助けてあげる」
ではなく…

みんなでいっしょに子育てができる社会環境をつくりましょう

現代の日本の子育ての問題は、「ダメな親と子の問題」ではなくて、「社会的な問題」です。個人の心理的な問題よりもむしろ、生活環境の問題です。

空間・時間・仲間の確保が難しい社会では、子育てはとても大変です

多忙な大人社会

小さな子どもが、余裕がなくストレスを抱えた大人の生活リズムや発想に合わせて生活しています。

住む人よりも経済活動優先の街作り

子どもが自由に安全に外に出て遊べません。十分に遊べない子どもは、問題を抱えがちです。

子どもを巻き込む企業活動

広がる食の問題・環境破壊・親子をターゲットにした広告合戦などに子どもが巻き込まれています。

メディア社会

テレビ・ビデオ・パソコン・ゲーム等が、生活や遊び、心身の発達に大きな影響を与えています。

例えば、最善の方法を教えたとしても、その親にとっては、その方法を自分で見つけた方が、本当に身についたかもしれません。成長の機会を失ったかもしれないのです。

一方的に自分から相手に対して支援する、という関係は、子どもの育つ環境の中では、望ましいものではないかもしれない、と考えてみてください。社会は、教え教えられ、助け助けられ、お互いさまの関係でできているものです。自分が支援することもあれば、その相手から逆に支援されることもある、そういう関係を大切にしてみませんか？ そうすると、子育てを支援しているつもりが、もしかしたら、自分が支援されている、というふうに見えてくるかもしれません。

（武田信子）

子育ての問題を、個人や親だけの責任にしていては、問題は解決されません。親にも子どもにも、多様な人たちに囲まれて自然に育つ機会が必要です。子育て支援の場は、その機会を得るための場なのです。

子どもの発達が変化している

「最近増えている」という"実感"ワースト・5（保育所）2005年と1979年

●「最近増えている」という"実感"ワースト・5　1979年

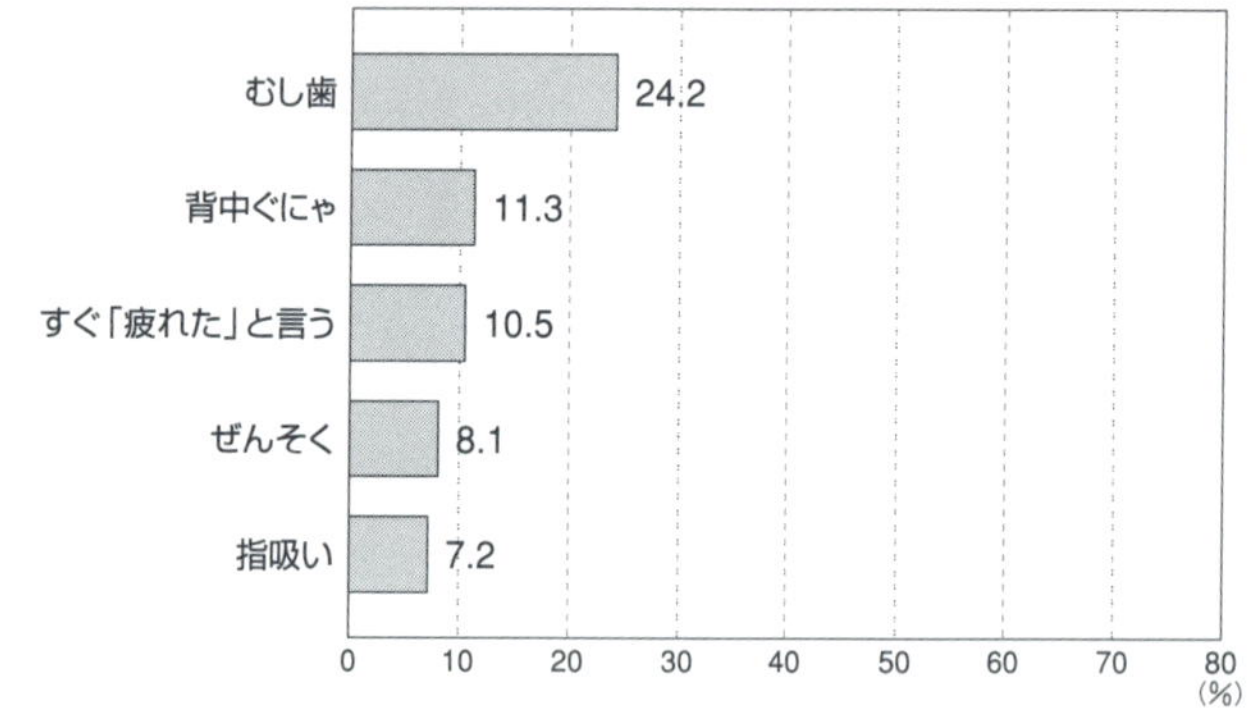

むし歯 24.2
背中ぐにゃ 11.3
すぐ「疲れた」と言う 10.5
ぜんそく 8.1
指吸い 7.2
0 10 20 30 40 50 60 70 80
（%）

●「最近増えている」という"実感"ワースト・5　2005年

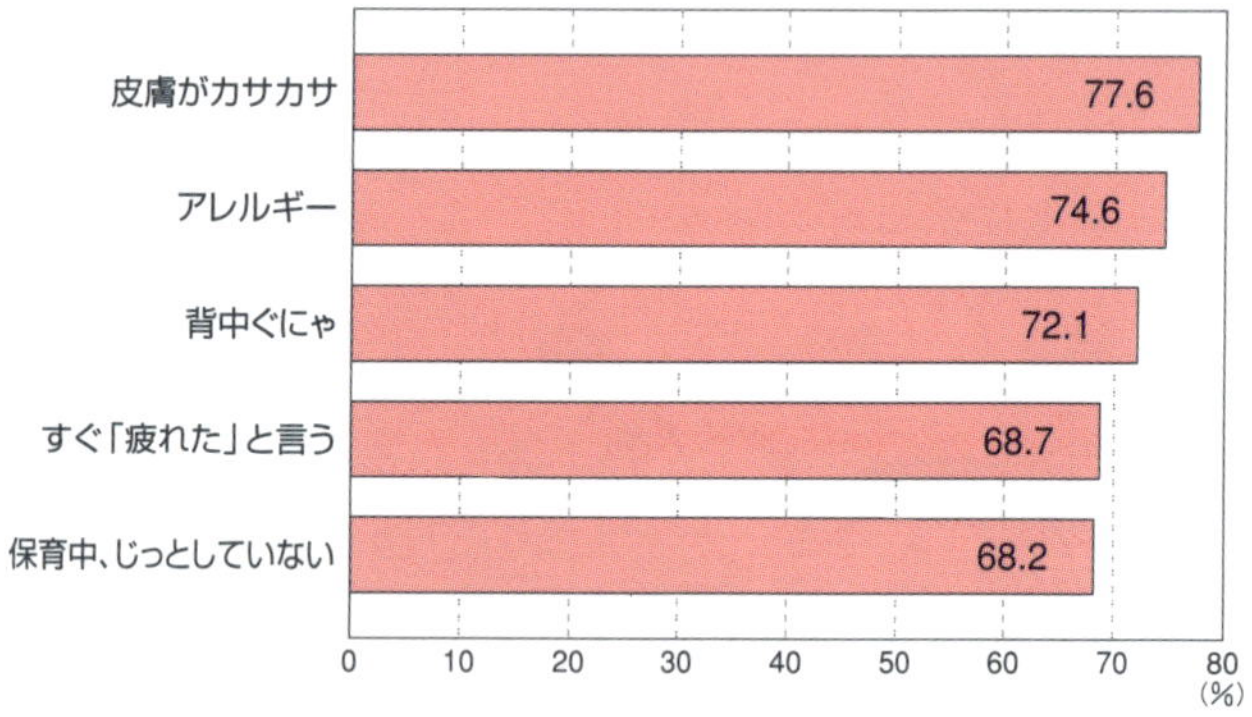

皮膚がカサカサ 77.6
アレルギー 74.6
背中ぐにゃ 72.1
すぐ「疲れた」と言う 68.7
保育中、じっとしていない 68.2
0 10 20 30 40 50 60 70 80
（%）

資料：「子どものからだと心 白書 2007」（子どものからだと心連絡会議 編　ブックハウスHD）

養育者が子育てを学ぶ機会・養育者として成長する機会が少ない時代

育児書

一人っ子・核家族の割合が増え、見よう見まねで子どもと接する機会が少なくなって、大人が子育ての力を身につけることが難しくなっています。

虐待？
しつけがなってない
近ごろの若いモンは……

手軽な育児が広がる一方、監視と管理の目が厳しくなっています。

子育ての負担感

・専業主婦家庭の方が、子育ての負担が大きいと感じる者の割合が高い。
・負担感の内容を見ると、「自由な時間が持てない」「身体の疲れ」「気が休まらない」が上位を占める。

女性の子育ての負担感

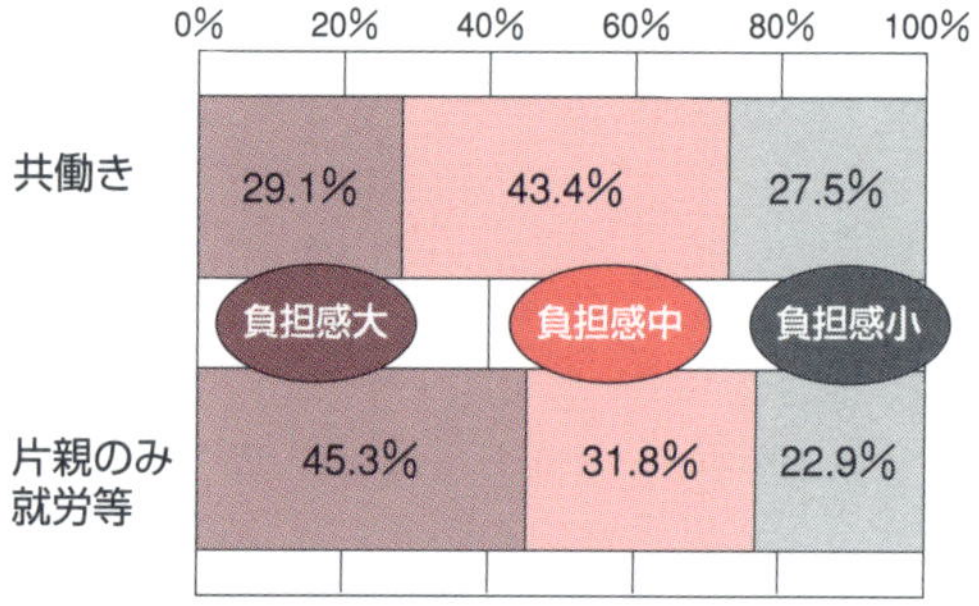

0% 20% 40% 60% 80% 100%
共働き 29.1% 43.4% 27.5%
負担感大 負担感中 負担感小
片親のみ就労等 45.3% 31.8% 22.9%

資料：（財）こども未来財団
「平成12年度子育てに関する意識調査事業調査報告書」（平成13年3月）

子育ての負担感の状況

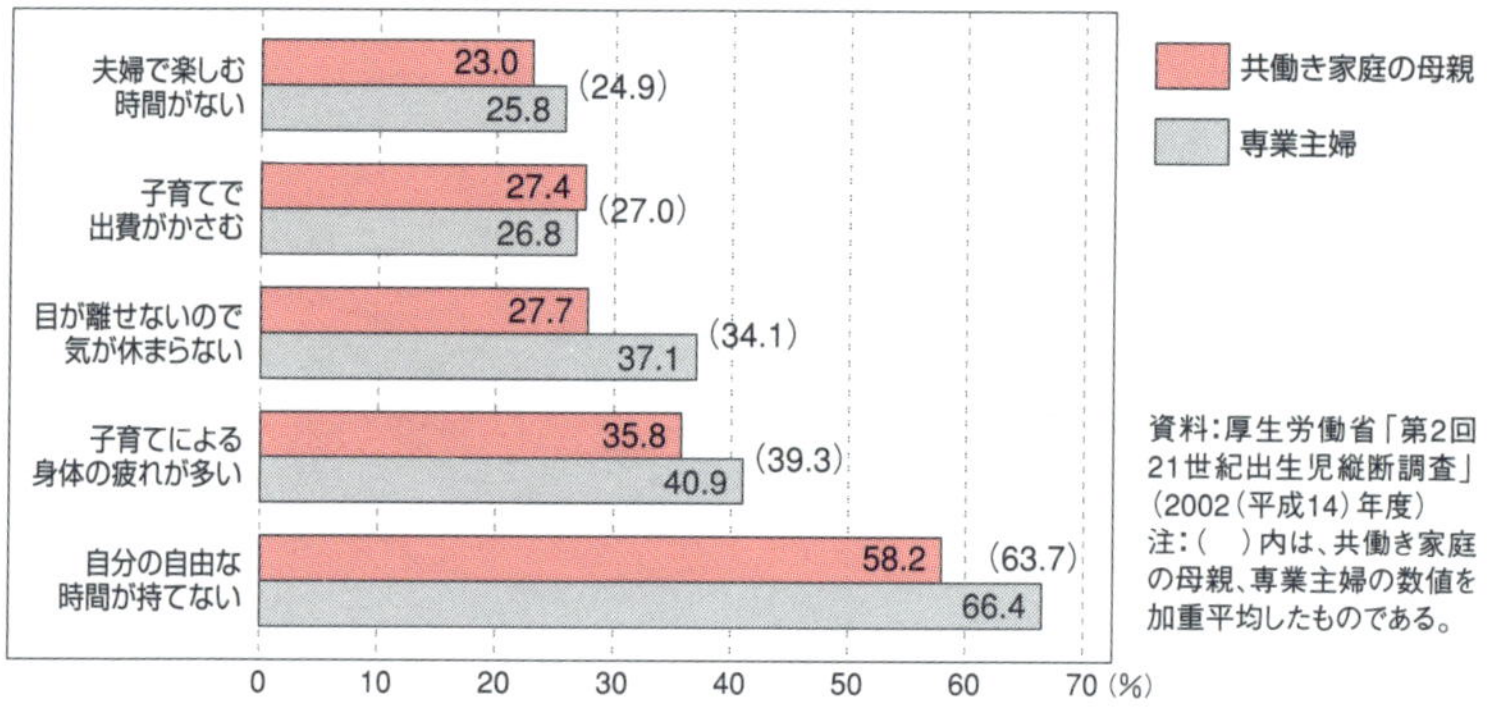

夫婦で楽しむ時間がない 23.0 25.8 (24.9)
子育てで出費がかさむ 27.4 26.8 (27.0)
目が離せないので気が休まらない 27.7 37.1 (34.1)
子育てによる身体の疲れが多い 35.8 40.9 (39.3)
自分の自由な時間が持てない 58.2 66.4 (63.7)
0 10 20 30 40 50 60 70 (%)
共働き家庭の母親
専業主婦

資料：厚生労働省「第2回21世紀出生児縦断調査」（2002（平成14）年度）
注：（　）内は、共働き家庭の母親、専業主婦の数値を加重平均したものである。

居場所交流型の子育て支援の場がめざすところは、左の図の様に、「みんなが主体的になれる場」です。誰もが自分から進んで状況にかかわり、積極的に社会参画して、充実した毎日が送れるような学びと成長の場にしましょう。

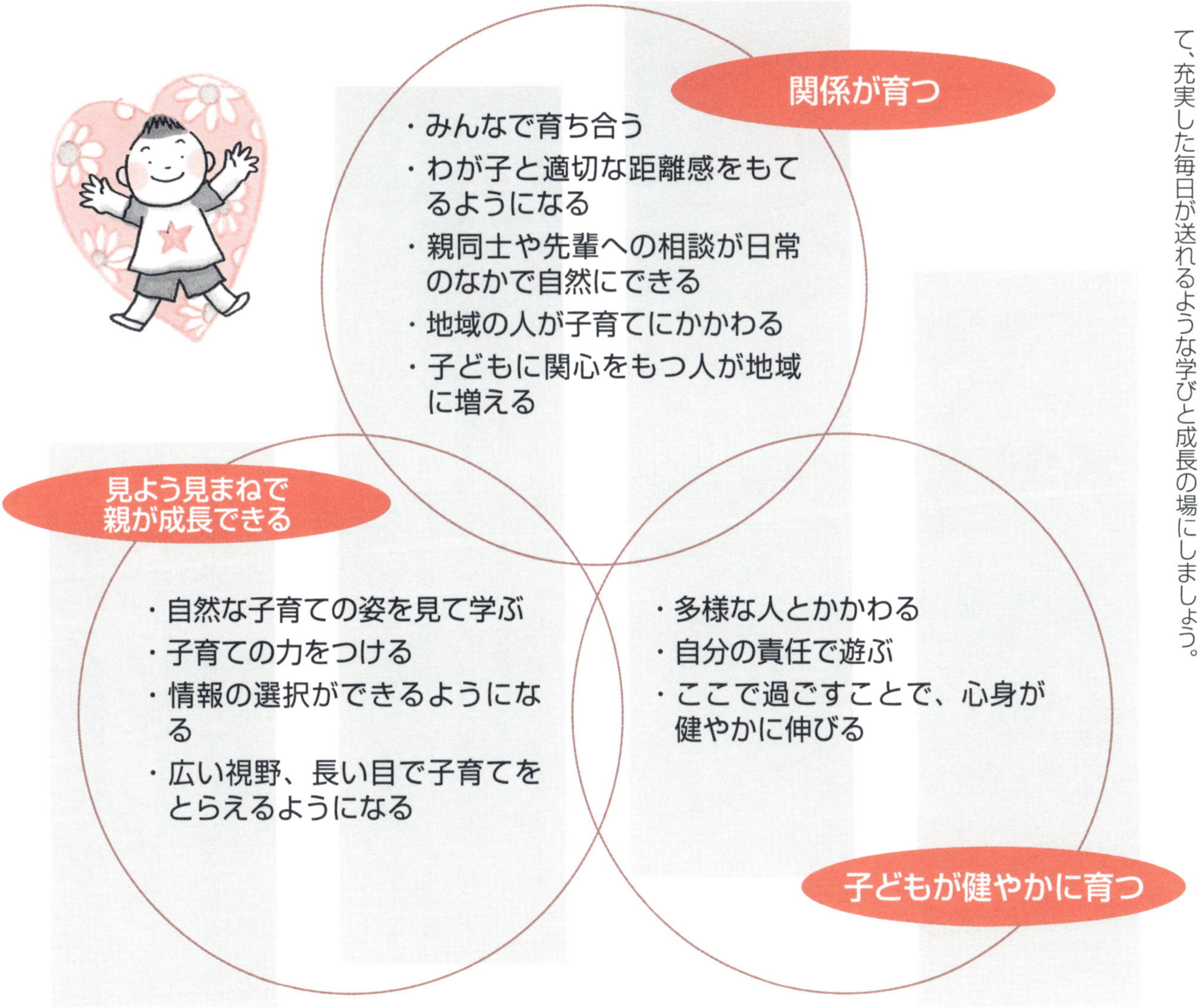

関係が育つ
・みんなで育ち合う
・わが子と適切な距離感をもてるようになる
・親同士や先輩への相談が日常のなかで自然にできる
・地域の人が子育てにかかわる
・子どもに関心をもつ人が地域に増える
見よう見まねで親が成長できる
・自然な子育ての姿を見て学ぶ
・子育ての力をつける
・情報の選択ができるようになる
・広い視野、長い目で子育てをとらえるようになる
子どもが健やかに育つ
・多様な人とかかわる
・自分の責任で遊ぶ
・ここで過ごすことで、心身が健やかに伸びる

就学前児童が育つ場所

・3歳以上児は、かなりの部分（4歳以上児はほとんど）が保育所又は幼稚園に入所
・一方、3歳未満児のうち保育所入所は2割にとどまり、8割の家庭に対する支援の必要が伺われる。

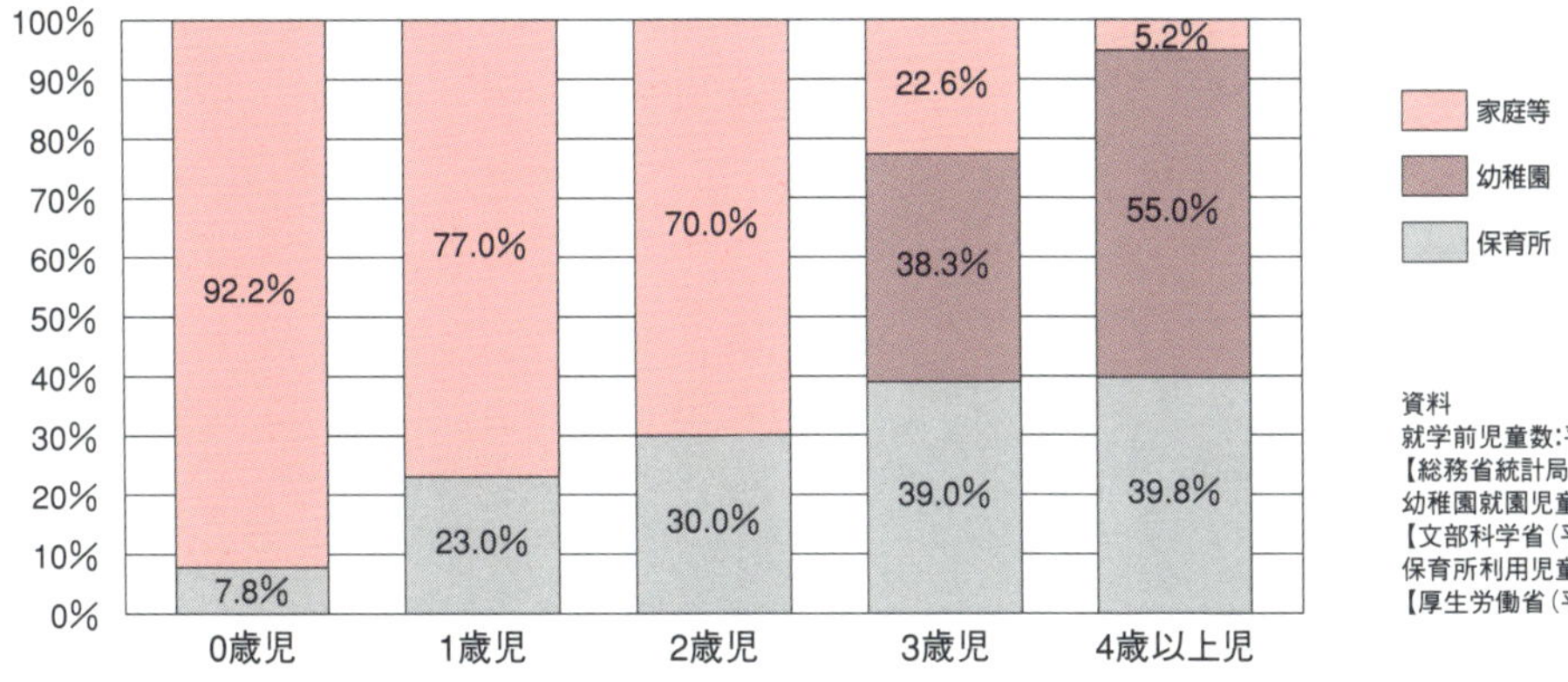

100%
90%
80%
70%
60%
50%
40%
30%
20%
10%
0%
0歳児
92.2%
7.8%
1歳児
77.0%
23.0%
2歳児
70.0%
30.0%
3歳児
22.6%
38.3%
39.0%
4歳以上児
5.2%
55.0%
39.8%
家庭等
幼稚園
保育所

資料
就学前児童数:平成18年人口推計年報
【総務省統計局（平成18年10月1日現在）
幼稚園就園児童数:学校基本調査（速報）
【文部科学省（平成19年5月1日現在）
保育所利用児童数:福祉行政報告例（概数）
【厚生労働省（平成19年4月1日現在）

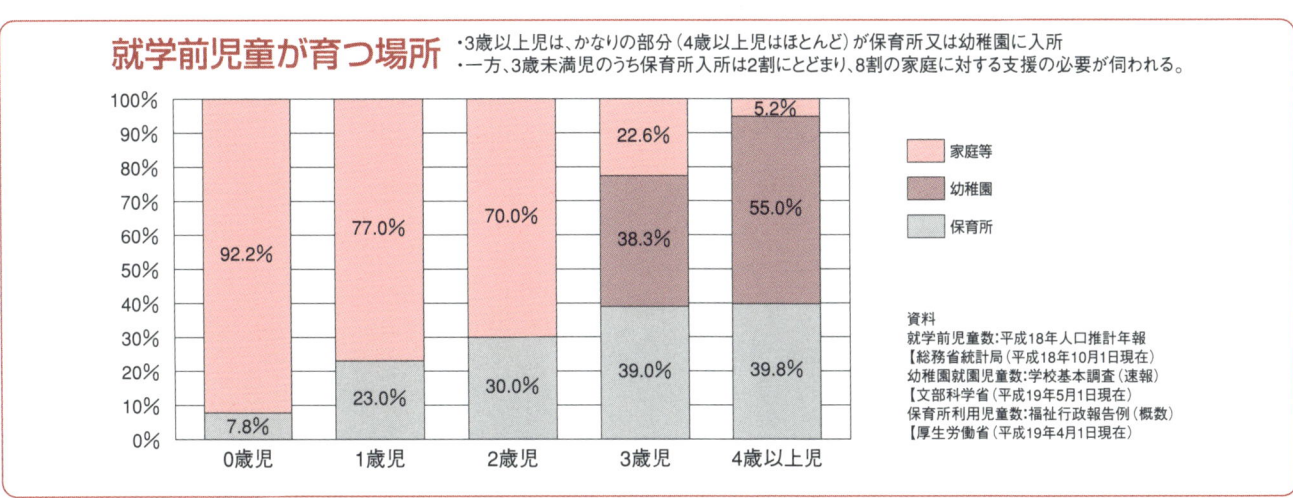

乳幼児親子にかかわる際に必要な力と考え方を身につけましょう

子育て支援はボランティア的なかかわりが多いものです。気楽にやりたいと思うかもしれませんね。

でも、相手が小さな子どもとその親だからこそ、相手を思いやるだけの気働きが必要になります。さらに、活動の目的を的確・適切に達成するためには、必要な能力や技量を身につける必要があります。

この能力や技量のことを英語で「コンピテンシー」と言います。この本に書かれている一つひとつの項目は、居場所交流型の子育て支援にかかわる人たちのコンピテンシーと考えられる項目です。適切な支援であたたかい輪が広がれば、やりがいにもなり、自分も楽しくなるでしょう。

ちょっと知るだけでも、少しずつ活動の意味が変わってくるでしょう。

この本の目次は、見開きになっていて、コンピテンシーを一覧することができます。

どんなコンピテンシーがあるか、目次で確認してみましょう。それから自分の気になる項目を、好きな順番で一つひとつよく読んでいってください。そして、乳幼児親子に地域でかかわる際に必要な力と考え方を身につけましょう。

コンピテンシーとは？

「特定の職種において高業績を上げる者に共通の適性」から転じて「成果を生む行動特性」のこと。

▼1970年代　米国の心理学者マクレランド教授が、同等の学歴や知能レベルの外交官に業績の差が出るのはなぜかを研究し、適性者の持つ「知識・技術・態度＝コンピテンシー」をリストアップしました。その成果が、1990年代に米国において人材活用の場に取り入れられ、「コンピテンシー」という言葉が広がりました。

▼現在は、日本でも、特に企業や医療分野などで、成果を生む行動特性を分析してスタッフの教育や研修に用い、スタッフ全体の質の向上を図る試みが広がっています。

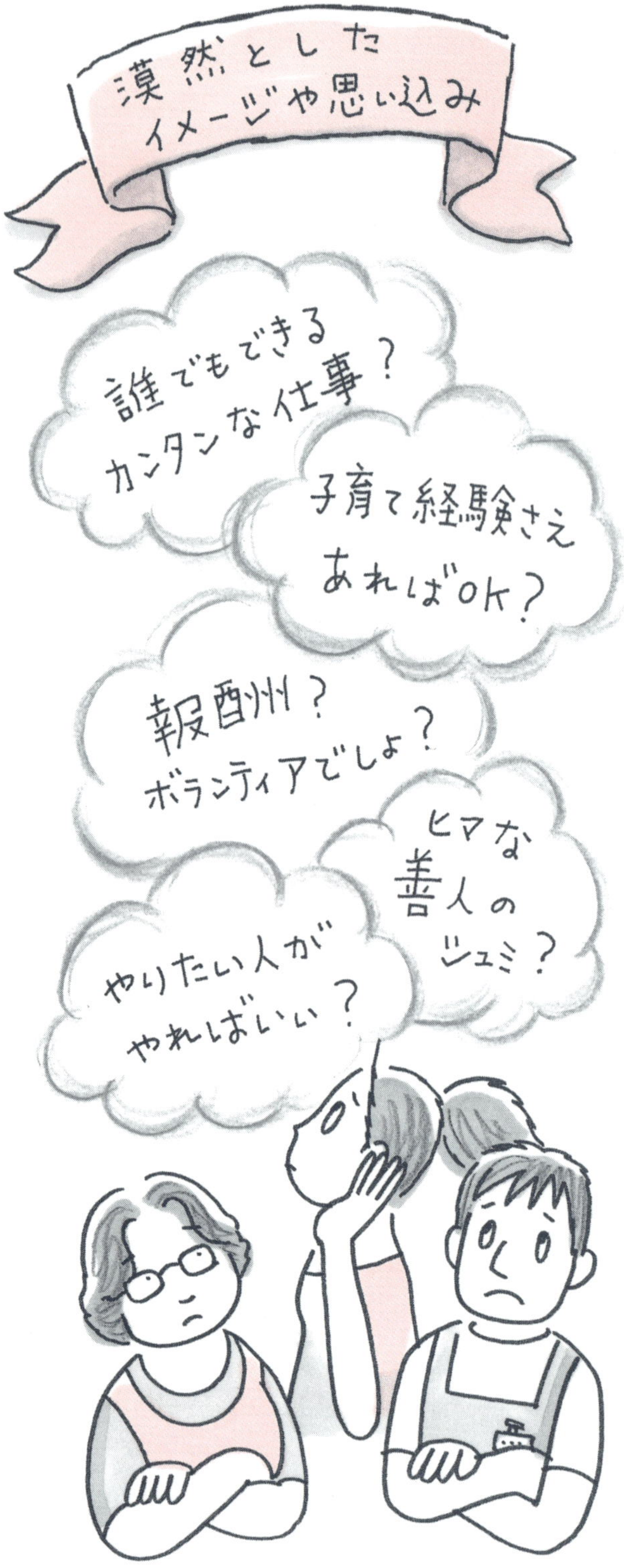
漠然としたイメージや思い込み
誰でもできるカンタンな仕事？
子育て経験さえあればOK？
報酬？ボランティアでしょ？
ヒマな善人のシュミ？
やりたい人がやればいい？

もしも子育ての支援に必要な力の目安がなかったら

＊子どもにかかわるなんて誰にでもできる

具体的に必要な技術を示さなければ、小さな子どもを扱うのは簡単だ、経験や愛情だと思っている人の考えを変えられません。

＊保育や教員経験があれば、ベテランだ

子育て支援特有のコンピテンシーが考慮されません。また、ベテランという思いこみが、相手の主体性を尊重しない態度につながることがあります。

＊子育て経験があれば一人前

(育ててなくてもどんな育ちでも子どもがいればOK?)

今の子育ては少し前の子育てとは様相を異にしています。また、過去の子育て経験の質は保証されていません。

＊専門職として認められない

実力があり努力を重ねてきた支援者が認められなかったり、実力がなくても資格をもった人に交代を求められたりすることがあります。

＊ボランティアで安上がりに済ませそう

やりたい人たちにやらせておけばいい、あるいは、ボランティアだから責任は取れない、という無責任な対応になりがちです。

＊給与基準がない

有能な支援者が、生活のためにより給与の高い仕事に移るようになるかもしれません。それではいつまでも支援の質が向上しません。

＊子どもに直接接する人より、外務・マネジメント担当者のほうが偉い

まったく違う力量が必要であるということが理解されず、場に悪影響な上下関係ができます。

＊何をしたらいいかわからない

何もしなかったり、余計なことをしてしまったりします。

＊向上するのは個人の努力

研修の積み上げの必要性が理解されず、研修しない人が出たり、研修費が持ち出しになったりします。

＊資格を作って等級をつければ人が集まる

子育て支援は地域での相互支援が望ましいのですが、地位やお金が支援の動機づけや基準になってしまいます。

・・・・いつまで経っても気のいい人の趣味扱い
・・・・粗製乱造で質より量？
・・・・疲弊するスタッフ！

だから、コンピテンシーという形で目安を作ったのです。

この本の使い方

この本は、
●子どもとその親が家庭以外で多様な人と出会い、育つことのできる場がたくさんある地域が増えるようにと願って、
●そのような場にかかわる方たちに学びと振り返りの機会を提供し、具体的な行動を変えていくためのヒントを示すことを目的としています。

A 一人で読む場合

①目次を読む
②興味をもった項目を読む
③自分の最近の活動を具体的に振り返る
④自分にできること、できないことは何かを考える
⑤できることはやる。できないけれど必要なことは、仲間に相談して改善方法を共に考える
⑥わからないことは誰かに聞く

B 仲間といっしょに勉強会で使う場合

①目次から選んで学ぶ項目を決める
②みんなで読む
③何が書いてあったか、みんなで読み合わせする
④普段の活動を具体的に振り返る
⑤わからないところはどこか話し合う
⑥できていないこと、やっていないこと、気づいていなかったことを、これからどうしたらできるようになるか話し合う。
⑦実際の場面でやってみる
⑧時々繰り返して、場が改善されたか確認する

気をつけたい10のポイント

項目を読むだけでも、自分に必要なものがわかります。よく読みましょう。

簡単そうに見えても実際は難しいことがたくさんあります。できているからと読み流さないで、具体的にはどういうことかな？　とじっくり読みこんでください。

長年無意識でしていた行動を、意識的に変えるきっかけをつかみましょう。

無くて七癖です。自分の姿に気づくために、鏡に映してみるように、各項目に対して自分が普段どうしているか、チェックしてみましょう。

最低限あってはならないことを明確に理解しましょう。

項目の最後の方に、気をつけたい事例が出ていますから、そこには細心の注意を払ってください。

一人ですべてを満たす必要はないことを確認しましょう。

自分に完璧《べき》を求めて、息切れしないようにしましょう。

場としての全体の向上を図るために使いましょう。

目的は、みんなでいい場をつくっていくことにあります。誰が何をしたからいい、というわけではありません。

仲間と話し合いながら活用しましょう。

自分の姿は自分からは見えにくいものです。話しているうちに、ふと気づくことが多いでしょう。

上位者が評価するのではなく、自分の振り返りと成長のために使いましょう。

評価は場とその人の向上のためのものです。スタッフが萎縮するような使い方は、逆効果です。

足りない部分の補い方を考えましょう。

計画を立てて、少しずつ補いましょう。無いことを嘆くよりも、どこかから調達しましょう。

次の目標が見えるようにしましょう。

目標がはっきりしていると、そこに近づくことができます。

妥協しないで、向上を目指しましょう。

そうすれば、生き生きとした場を保つことができるでしょう。

…できないところにこだわるより、これからどうするか、改善のきっかけにしましょう

支援の行動を5つのプロセスでとらえましょう

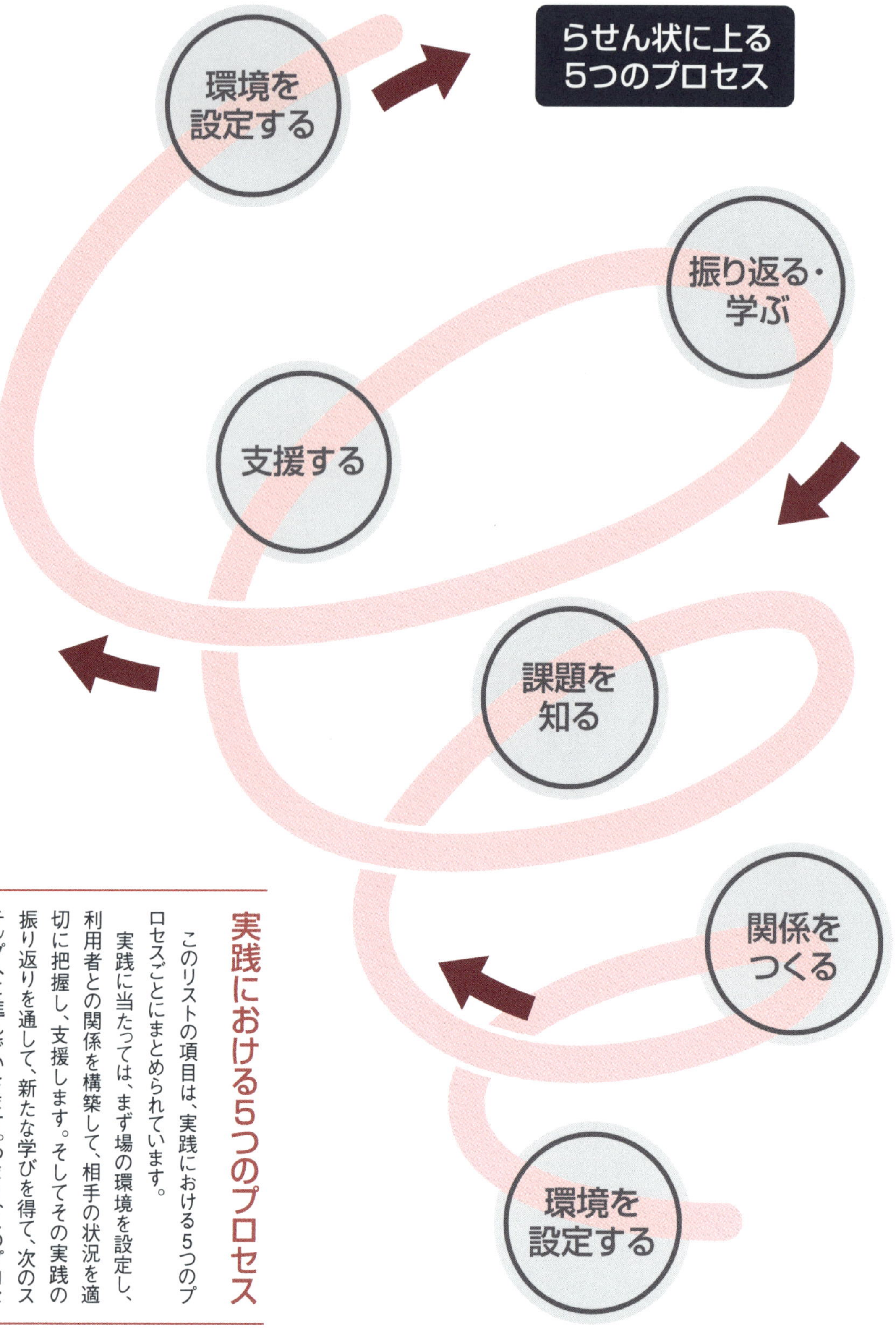

実践における5つのプロセス

このリストの項目は、実践における5つのプロセスごとにまとめられています。

実践に当たっては、まず場の環境を設定し、利用者との関係を構築して、相手の状況を適切に把握し、支援します。そしてその実践の振り返りを通して、新たな学びを得て、次のステップへと進んでいきます。つまり、このプロセスはらせん状のサイクルを描くように発展していくのです。

第1章

環境を設定する

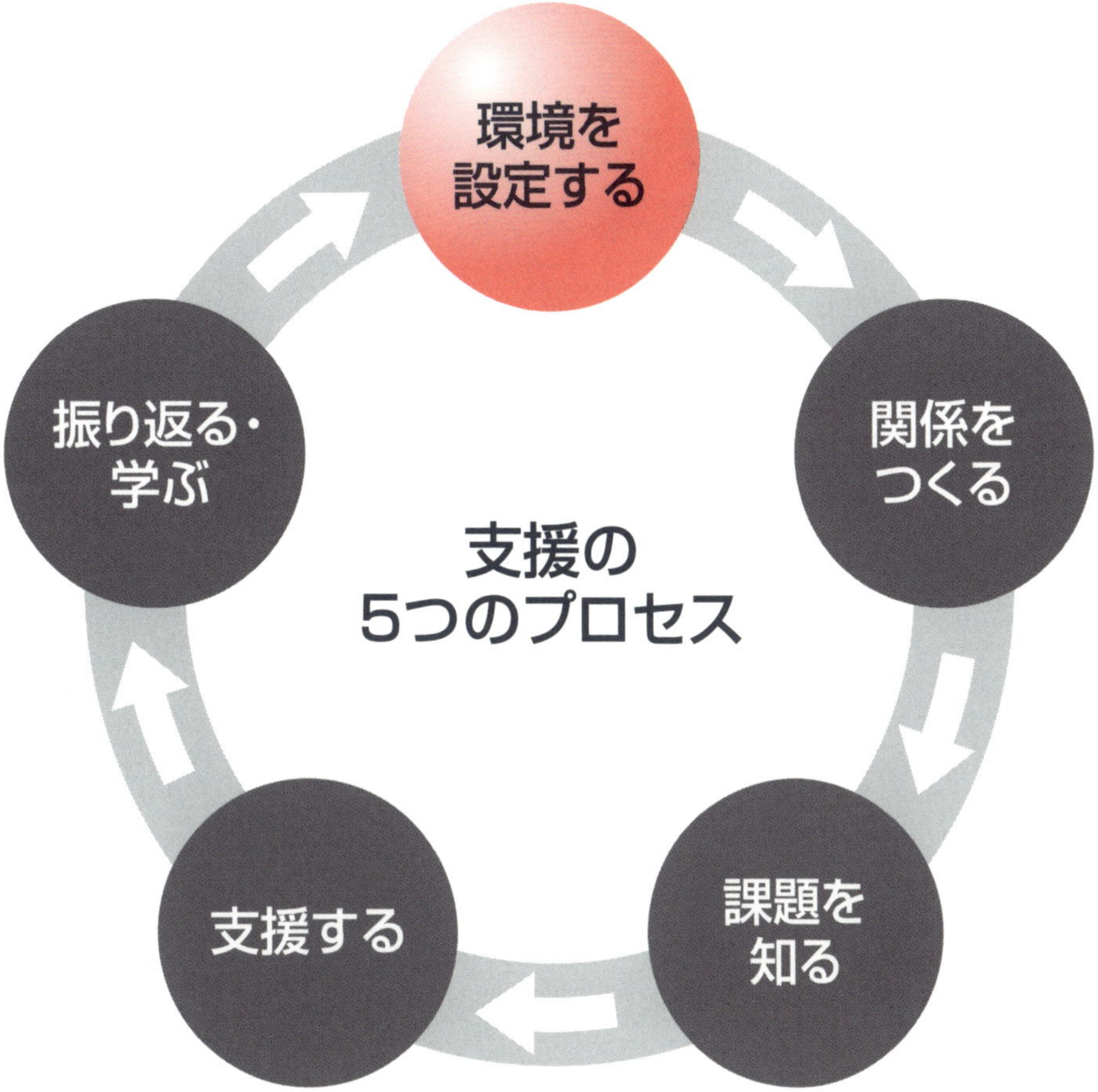
環境を
設定する
関係を
つくる
課題を
知る
支援する
振り返る・
学ぶ
支援の
5つのプロセス

「ひろば」や「支援センター」など名称は違っても、0歳から3歳の就園前の親子がいっしょに、家庭以外で日常的な時間を過ごす場所が「居場所交流型」の子育て支援の場です。地域によって、公民館や保育園など既存の施設や商店街の空き店舗や民家などを活用し、その地域らしい特色のある空間を確保しています。この章では、空間のつくり方、そこにいる人のふるまい方などをあわせて「場の環境設定」について考えます。

1

環境を設定する

居心地のよい場をつくる

人に表情があるように、空間もさまざまな表情をかもし出しています。あたたかい空間、優しい空間、ほっとくつろげる空間、そんな空間を演出してみましょう。

乳幼児のおもちゃは色数が多いため、刺激の強いにぎやかな空間になりがちです。色・光・音などの刺激の量を抑えて、大人も子どももくつろげる空間をつくりましょう。「赤ちゃんやそのお母さんが静かにそこにいられる空間」「男性が居心地がよい空間」になっているか確認してみましょう。また、清潔に保たれている施設はすがすがしいものです。季節感を感じる装飾からはスタッフの心配りが伝わります。

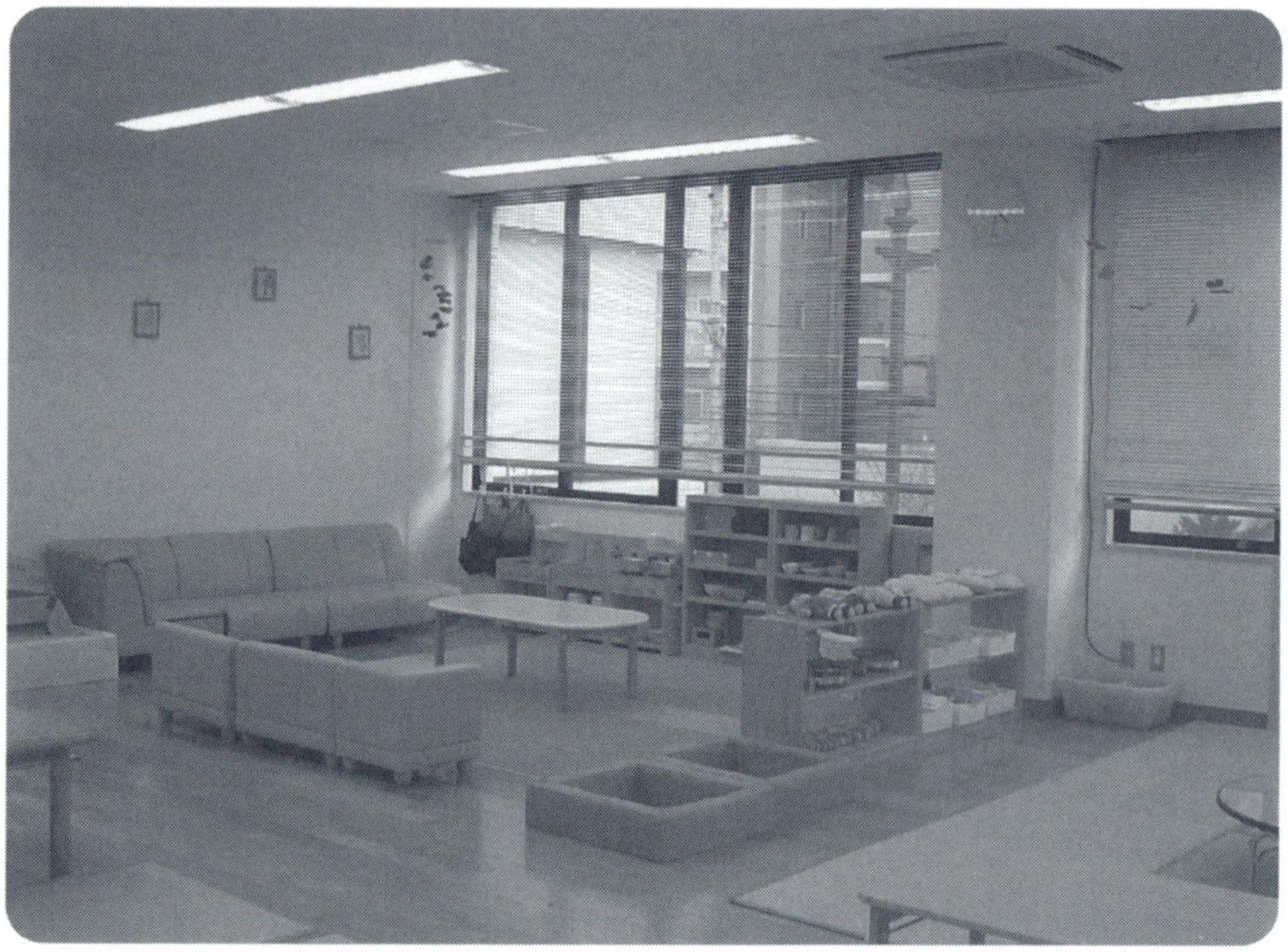

車を気にすることなく安心して子どもを遊ばせることができる戸外の遊び場はとても少なくなりました。お茶を飲みながら、子どもたちの遊ぶ姿をゆっくりながめることができる。親も子も笑顔がこぼれる。そんなホッとできる時間と空間がつくれるといいですね。

こんなところがいい

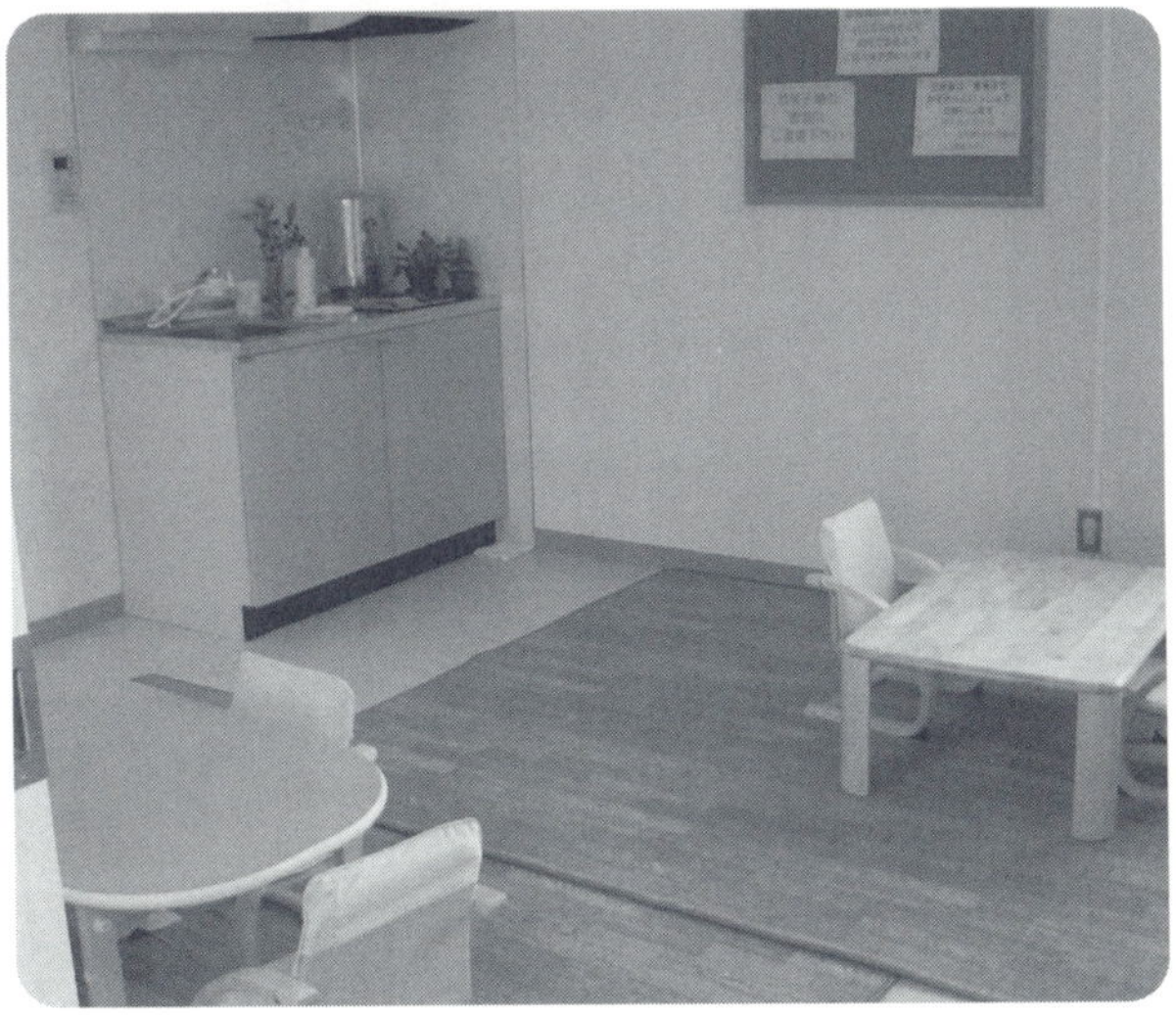

食事のコーナー。座ったときに足に柔らかくこぼしたものをふきやすいマットを敷いています。
スタッフの心遣いが感じられます。

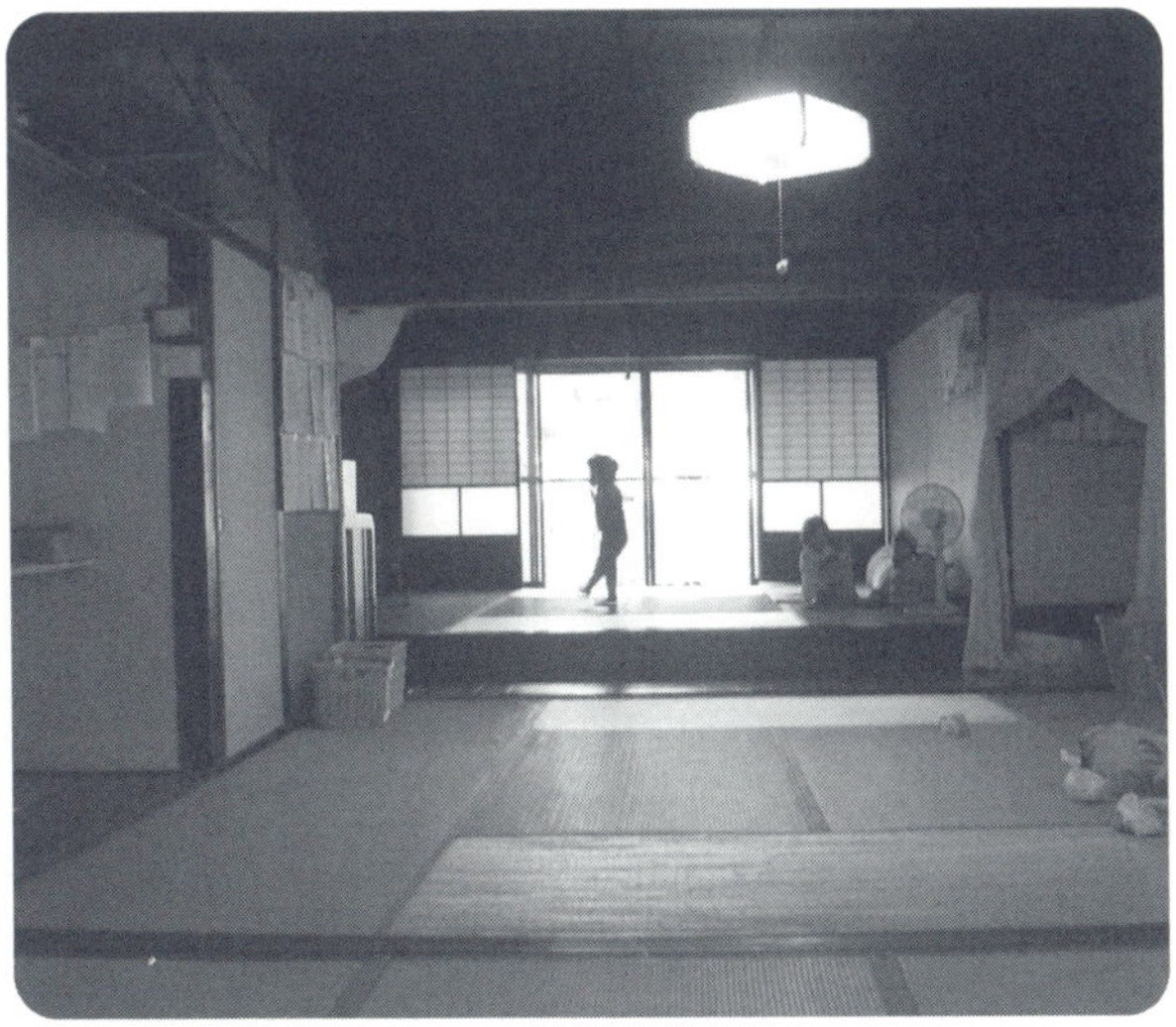

誰もがゆったりとくつろげる民家型の広場。
子育ての支援には、大勢の親子が集まるセンターより、日常的な空間が好ましいでしょう。

こんな環境ではちょっと…

色や音など過度な刺激に囲まれた場では、子どもは落ち着いて遊ぶことができません。
特に視覚刺激や音に敏感な子どもは刺激が多い場では落ち着きなく動き回ります。

ボールやソフト大型積み木があると子どもたちは投げます。
乗って走る自動車があると屋内を走り回ります。
体を動かして外で遊びたい子どもたちには居心地がよく、乳児には居心地が悪い場になっています。

2

環境を設定する

安心感のある場をつくる

初めての場所へ行くときは不安がいっぱいです。どんなところだろうか、友達ができるだろうか。そこへ来るまでに、何度も迷った人もいるでしょう。そんな不安を安心感に変えるのが、スタッフの心遣いです。初めての人には、自分から自己紹介をしましょう。不安をもっている人は、スタッフの一挙手一投足が気にかかるものです。ほんのちょっとした言葉や表情が誤解を生んでしまうことがあります。どんなに年下であっても、その人を大切に思い、ていねいに応対しましょう。

また、場に慣れない人が落ち着いていられる掲示板や読書コーナーなど、安心できる空間をつくりましょう。

スタッフやボランティアは、利用者よりも場にいる時間が長いため、支援の場が、ボランティアやスタッフの居場所となりがちです。場に慣れてきたスタッフほど、よその家におじゃましているときのように、遠慮がちでいましょう。利用者の居心地のよさを最優先に考えて、スタッフ同士の話や、見学者への説明は利用者に聞こえない場所で行うようにします。

守秘義務

支援の場のスタッフやボランティアは、支援で知り得た秘密を他人に口外してはいけないという責務があります。個人情報保護のために、名簿や記録の取り扱いも注意が必要です。ただし、支援のために情報を共有する必要性がある場合や、虐待の通告などは守秘義務違反とはなりません。

こんなところがいい

スタッフの態度は、利用者に影響を与えます。身ぎれいで、穏やかな表情・話し方・動き方は利用者に安心感を与えます。

表情がわからない電話には心をこめて案内をします。こちらから話のきっかけをつくることで、相談が出てくる場合もあるでしょう。

こんなところはもってのほか

好奇心で相手のプライバシーを尋ねることはもってのほかです。

利用者が少ない時間に、声もかけずに仕事をしている姿は、「無視をされている」と誤解されがちです。

病気や事故予防に配慮した場をつくる

子どもは、小さなけがや病気を繰り返しながら成長します。乳幼児は体を動かすことで運動能力を獲得するため、高いところへ登ってみたり段差につまずいて転んだりすることは、子どもにとって不可欠な体験です。しかし、後遺症が残るような大きな事故や、不要なけがは防ぐ必要があります。

子どもの事故は予防がもっとも重要です。乳幼児が中心の場では、子どもの行動をできる限り予測して場をつくります。例えば、思わず登って遊びたくなる遊具を用意したら、落ちる可能性も同時に予測して、マットを周囲に敷く、周囲に硬いおもちゃが転がっていたら取り除くなどの配慮を行いましょう。

これは危険

乳幼児は自我が未成熟なため、大人よりも環境の影響を受けます。
高いところがあれば登り、丸いものを見ると投げ、広いところでは走り回ります。
「走ってはだめ」と注意するよりも、場を区切って走りにくい空間をつくりましょう。

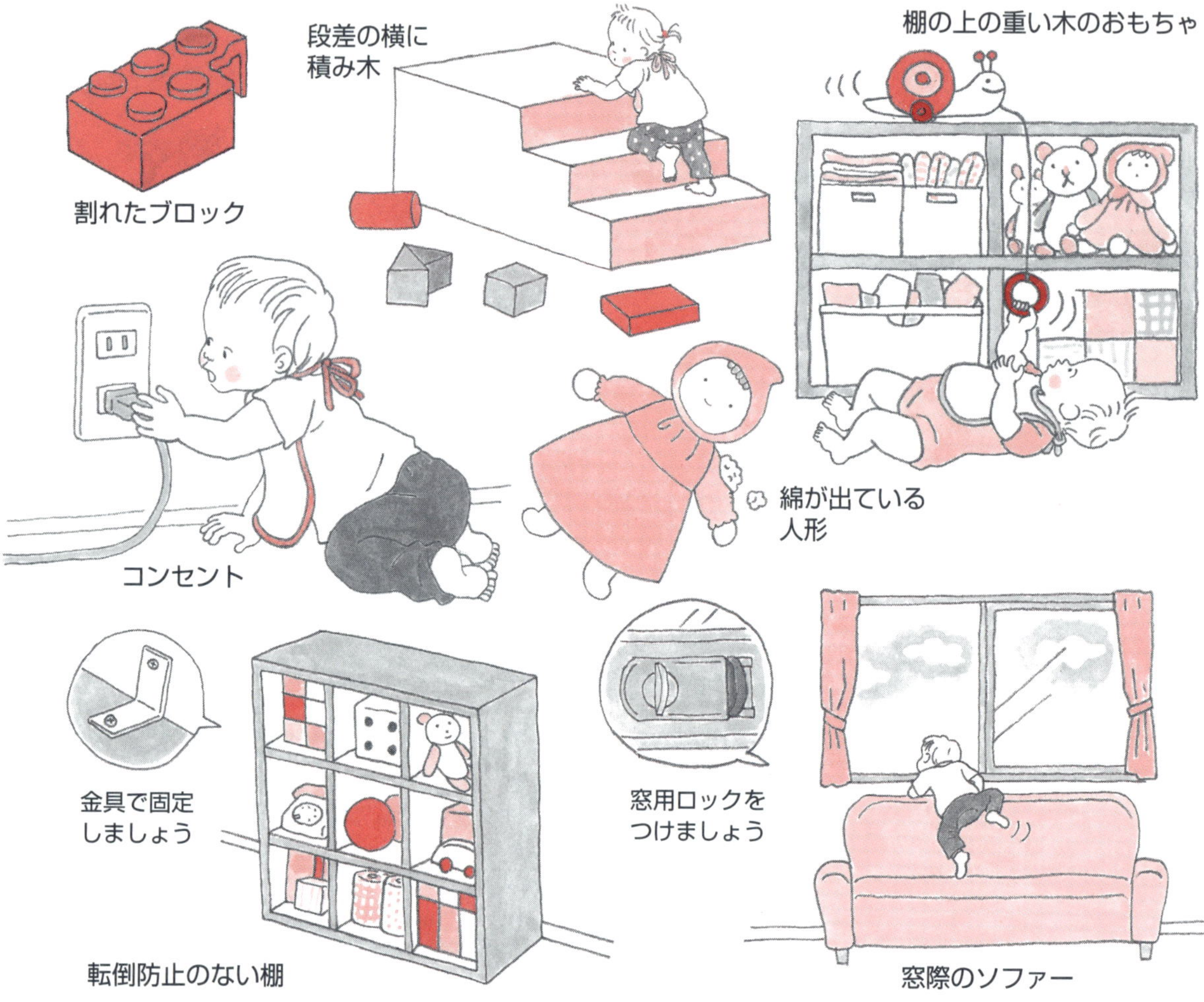
割れたブロック
段差の横に積み木
棚の上の重い木のおもちゃ
コンセント
綿が出ている人形
金具で固定しましょう
窓用ロックをつけましょう
転倒防止のない棚
窓際のソファー

感染・事故防止チェック20

1. 建物は乳幼児の安全に配慮された設計となっている（ドア・棚他）
2. 窓の周囲に子どもが登る高さの棚を置いていない
3. 乳児の場と2歳以上の場を意識して、すみ分けに配慮している
4. 誤飲が起きる大きさのおもちゃは置いていない
5. おもちゃは十分な量を置いている
6. 子どもの人数にふさわしい、十分な遊び空間を確保している
7. トイレの薬品や食品が子どもの手の届くところに置かれていない
8. スタッフは室温・換気・湿度に気を配っている
9. スタッフが共通認識するための安全チェックリストがある
10. ヒヤリ・ハッとした事例は日報等で情報交換している
11. スタッフはアレルギーに関する知識をもっている
12. スタッフは感染症の予防に関する知識をもっている
13. スタッフは嘔《おう》吐《と》物や排泄物の適切な処理の方法を知っている
14. 乳児のおもちゃは洗浄している
15. 感染症にかかっている人が来た場合の対応を決めている
16. 出口が2か所以上ある
17. スタッフは避難経路を知っている
18. 警察、消防などへ速やかに連絡するための表を目立つところにはっている
19. 2か月に1度程度、避難訓練（火事・地震・不審者侵入）を行っている
20. スタッフやボランティアについて、一定の審査を行っている

4 環境を設定する

利用者の主体性を尊重した場をつくる

いっしょに子育てをする場では、みんながその場の主役です。誰もがその人らしくそこにいられるような場だといいですね。利用者に喜んでもらうためにプログラムばかりを準備すると、利用者は受身になり、お客さんのような利用者が増えてしまう場合もあります。子どもも大人も自分で考え、自分で行動を決定することができるように場をつくってみましょう。

孤独で不安なときには、積極的に動けません。自分の居場所を見つけ、存在を認められ、つながりとかかわりの中で安心と自信を得た利用者は、次第に積極的に行動ができるようになっていきます。

不安な状態にある人には、その人が安心していられるような場を作ること、参加の意欲にあふれた人にはさまざまな活躍の場を用意することなど、相手によって異なったかかわりが求められます。積極的な利用者には、特技や専門性を活かして運営やボランティアに参画できる場や機会を設けてみましょう。

支援者は、「心をこめて見守り待つこと」と、「積極的に働きかけること」の2つの間で揺れ動きます。子どもとのかかわりにおいても過干渉や過保護ではいけないし、完全に放任でも育ちません。相手との関係やその場面に合わせて「ちょうどいい支援」を常に探すところに支援の難しさとおもしろさがあります。

こんなところがいい

スタッフが共有している場の目的と理念を、利用者にもわかりやすく掲示しましょう。利用者も理念を共有できると積極的にかかわりやすくなります。

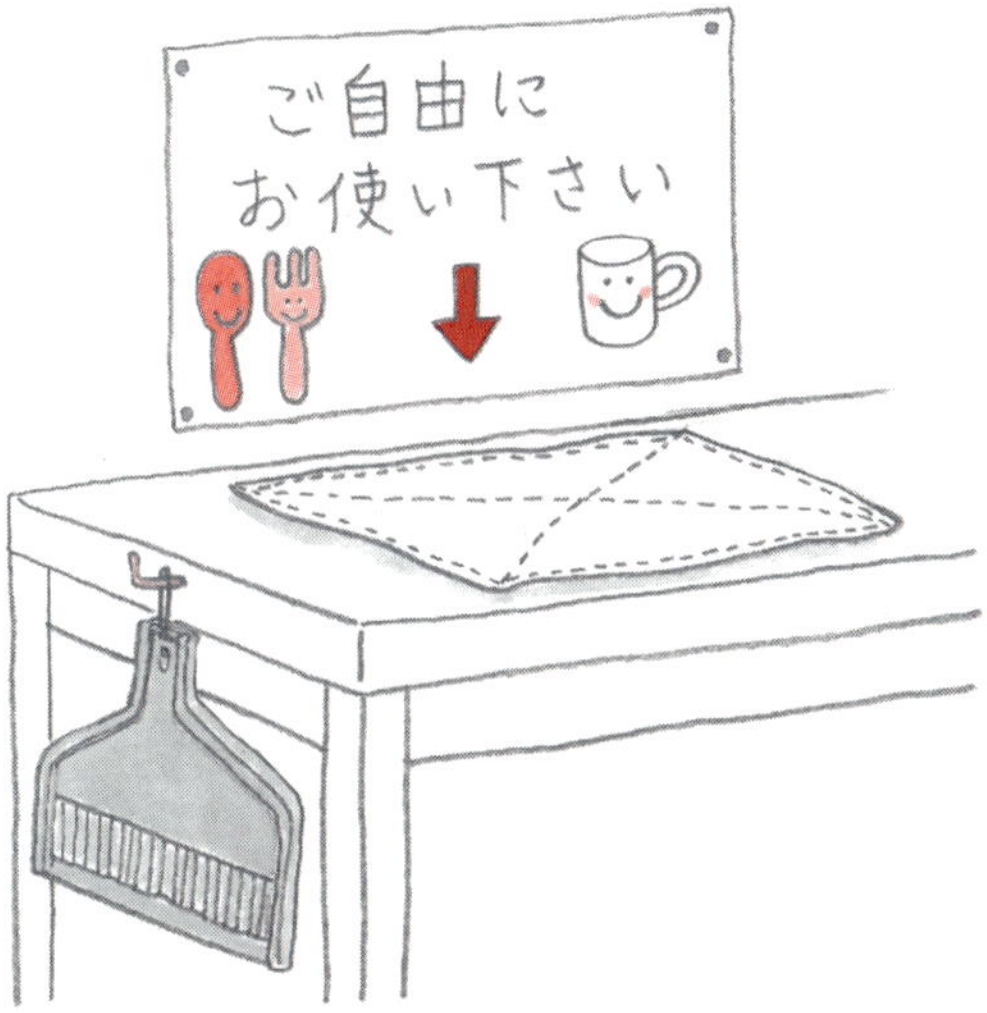

乳幼児期に汚したりこぼしたりは当然ですよね。食事のコーナーや掃除用具を用意。利用者が自分から行動しやすい環境を準備します。

こんな環境はもってのほか

ベタベタとはられた注意書きは、利用者にそこは誰かが管理する場であることを意識させます。

スタッフと利用者が、管理する人・管理される人に分かれてしまうと、スタッフが管理をしなければならない行動がより一層増えていきます。利用者同士の思いやりや配慮ある行動は、スタッフにあたたかく見守られる中で生まれます。

5
環境を設定する
人と人の関係が生まれる場をつくる

居場所交流型の子育て支援の場は、利用者同士が出会うきっかけづくりを目的とした場です。場の設定やスタッフの援助も、利用者同士が出会うことを意識して行います。

子どもと親がいっしょに利用する場では、子どもと親の関係、子どもと子どもの関係がつくりやすいようにおもちゃを選択します。

また、5組ほどの親子が入れる小さめの空間を設定すると会話のきっかけが生まれやすくなります。

ネットで出会った親がオフ会をすることも増えています。サークルや団体で支援の場を利用したい親もいるでしょう。グループで利用できる団体向けの部屋が別に準備されていると、さまざまなグループ活動を促進することができます。

イベントや講座は、新しい利用者の来場を促すきっかけとなります。しかし、講座終了後に参加者がバラバラに帰っていくようなイベントの場合、イベントジプシー（イベントのある場ばかりを探して参加する利用者）を育てるばかりで、利用者の友達づくりにはつながりにくいものです。プログラムには、自己紹介をする、二人組みやグループで話すなど、参加者の友達づくりに配慮した内容を組み入れましょう。

こんなところがいい

親子関係を育むおもちゃには、重ねカップ、積み木、フライパン・お玉などのお料理の道具があります。これらは、大人とのやりとりやかかわりが必要なおもちゃです。子どもとの遊び方がわからない親には、さりげなくかかわり方のモデルを見せる方法もあります。

子ども同士のかかわりが生まれる場をつくると、自然にその周囲に親が集まります。子どもたちがかかわりあう姿に、思わず話もはずみます。

こんな環境はもってのほか

親同士が出会っておしゃべりを楽しんだり、スタッフに相談したりすることが難しい場です。子育て支援の場では、おもちゃや備品の選択と配置には配慮が必要です。

広すぎる場所では、適度な親子の距離感が生まれにくくなります。不安を感じやすい子どもは親から離れることができません。

子どもの支援ができる場をつくる

近ごろ、乳児期からテレビやビデオに子守をされている状態の子どもたちが増加しています。そのような子どもたちは、人や物とかかわる機会が少なく受身で過ごしがちです。

子どもが自分で遊びを考え出し主体性を発揮する機会を十分につくり、本来もっている力を引き出すことが場の役割の一つです。

そのためにも、決まった動きしかできない高価なおもちゃよりは、砂や水などの素材や身の回りのものを工夫した道具を準備すると、子どもたちは自分で遊びをつくり出すことができ、家庭でもよく遊ぶきっかけをつくることができます。

子どもが自分で考えつくり出す遊びを中心として、何度も繰り返すことができるように配慮しましょう。

〈自己有能感、達成感〉

〈意欲・自発性〉

乳幼児は、自分から環境（人・物・自然など）とかかわりをもとうとします。おもちゃや自然のものを触り操作することで、子どもは心身を発達させ、同時に環境について学習していきます。大人は一方的に刺激を与えるよりも、子どもの遊びを見守り、子どもとの相互のやりとりを大切にするようにしましょう。

〈思考力、認識力〉

物の性質・形
大きさ・重さ
感触・数
空間感覚
原因と結果
etc.

〈社会性、人間関係の力〉

〈情緒の安定〉

受け入れがたい現実を
遊びをくぐらせることによって
消化する

自分で自分を癒す

●●乳幼児の発達にとって大切な遊び●●

あおむけで遊ぶ

6か月未満の時期はずっとだっこになりがちですが、あおむけに寝かせるとおもちゃや人とのかかわりが生まれやすくなります。手足をバタバタさせることによって腰もしっかりすわります。

おもちゃをなめる

赤ちゃんは手にしたものを何でもなめます。おもちゃをなめることは、離乳や言葉の準備でもあります。赤ちゃんが、持ちやすくなめやすいおもちゃを用意します。

秩序を壊す

1歳ごろは、秩序を壊すことが遊びの一つです。落としたり、棚に置かれたものを全部出したりします。きれいに並べるとまた壊しにやってきます。

歩く

1歳は歩くこと、体を動かすこと自体が遊びです。全身を動かし五感をフルに使って遊ぶことによって身体感覚と自己認識を確かにしていきます。

何かに見立てる

2歳ごろは盛んにひとり言をいい、見立てたり何かをやっていたりするつもりになって遊ぶ姿が見られます。想像力がぐんぐんと伸びています。

～するつもりになる

自分のテリトリーにおもちゃを集めています。2歳は「ここは自分の場所」「自分はこうやるつもり」という意識が生まれ、自己主張がとても強い時期です。

親の支援ができる場をつくる

初めてのことはわからなくて当然です。見たことがないことはできません。子育ては学習性の行動といわれますが、親が子育ての実際のやり方について見聞きできる機会は少ないものです。

さまざまな親子が自然に過ごしている日常空間は、親にとって育児の体験学習の場ともなります。食事の食べさせ方、トイレのしつけなど、その親が今もっとも関心をもっていることを、自然に見聞きし学ぶことができるように場をつくります。さまざまな育児モデルの中から自分らしい育児スタイルを少しずつ発見していく人も多いでしょう。

育児には正解がない　だから迷ってあたりまえ
初めてのことはわからない　だから悩んであたりまえ

支援の場はよりよい子育て文化の発信地

初めて子育てをする親は、食事、睡眠、運動や遊びが子どもの成長発達に不可欠であることを知らない場合があります。子どもを健やかに育てるために必要な情報を得られるように場をつくります。ただし、子育ての常識は世代によって異なります。今の育児の現状をよく認識していないと、いちいち目くじらを立てることになります。現状をまず受け入れ、そこから支援を始めましょう。

保護者支援のために広場におきたい書籍・ビデオ

『0歳児クラスの楽しい生活と遊び』
米山千恵・渡辺幸子　著　（明治図書　1・2歳児もあり）

『子どもを伸ばす「眠り」の力』
睡眠文化研究所　編・神山潤　監修（WAVE出版）

『しゃべらない子どもたち・笑わない子どもたち・遊べない子どもたち』
片岡 直樹 ／山崎雅保　著　（メタモル出版）

DVD『子どもが危ない』
（NPO子どもとメディア）

『落ち着きのない子どもたち』
石崎朝世　著　（鈴木出版）

NPO子どもとメディア連絡先　http://www16.ocn.ne.jp/~k-media/

こんなところがいい

食事ができる場では、さまざまな実際のしつけの方法を見ることができます。

同じ年齢の子どもたちの姿や少し大きな子どもたちを見ることで子どもの発達を見通すことができます。

こんなところに注意

支援には、自分の経験は何の役にも立ちません。相手がちょっとがんばればできる方法を、いっしょに考えていきましょう。

押しつけがましい掲示の仕方や、教育の意図が見え見えだとかえって逆効果。情報を絞ることもポイントです。

コラム Column

「エプロンは何のため？」

高山静子

私たちのひろばでは、最初からスタッフはエプロンをしたことがありません。

エプロンって、何か「お世話をする人」っていうイメージがありませんか？

私たちは別にお世話をする人じゃないしねえ、というのがスタッフたちの意見でした。

一時期、市のひろばになったときに「つけてくださいね」とピンクと黄色の派手なエプロンを渡されましたが、こんな原色が広場のなかを歩いていたら、子どもたちの遊びをじゃましちゃうよねと、ほとんどつけませんでした。

そもそもエプロンってなぜ必要なんだろう。一度話し合ってみたことがあります。

「スタッフが誰かわかりやすいじゃないですか？」、「でも初めての人にはスタッフは自己紹介をするから、なくても問題ないんじゃないかな」。「子どもってよだれをたれたりするからエプロンをするのではないですか？」、一同「う〜ん」。

結局、私たちのひろばではエプロンはしませんでした。スタッフの服装は「できるだけ普通の服」で名札をつけるだけにしました。そのお陰で、スタッフがひろばの中に一日中座っていても目立ちませんし、動き回ってもそれほどわかりません。もしも派手なエプロンをつけていたら、さりげなく動くとか、さりげなく座っているなんて無理だったのかもしれません。

そのうち、利用者の中からボランティアの名札をつける人が生まれました。名札をつけていなくても慣れた利用者はスタッフのように片づけをしたり受付をしたり、誰がスタッフで誰が利用者なのか本当にわからなくなってしまいました。これもエプロンなしの効果なのかもしれません。

第2章

関係をつくる

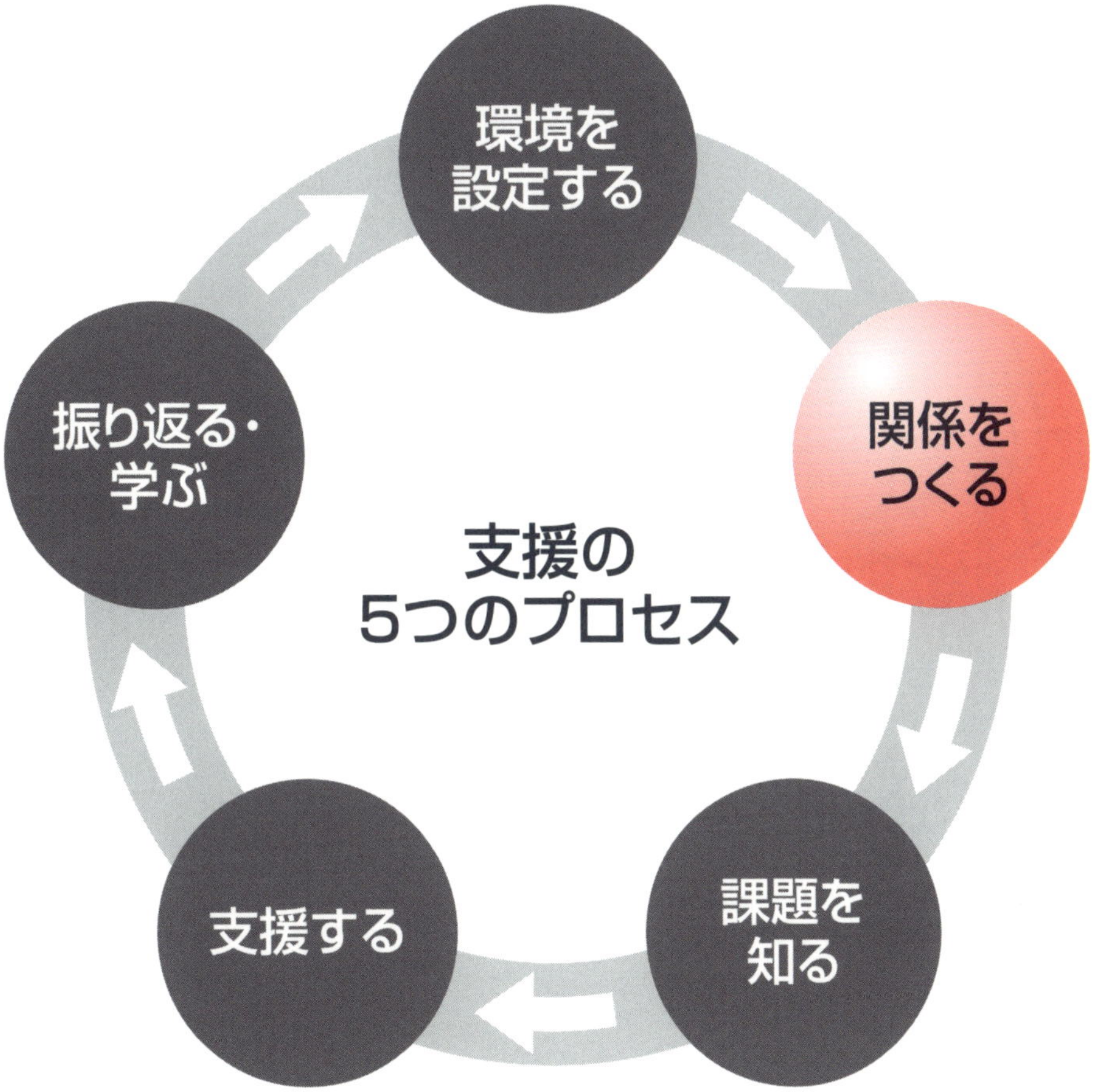
環境を設定する
関係をつくる
課題を知る
支援する
振り返る・学ぶ
支援の5つのプロセス

初めての子育てを、手助けもなく一人でがんばっている親にとって、ほかの人といっしょに過ごす時間は、同じ状況の友人関係が生まれるきっかけにもなり、息抜きや安心の時間にもなりますが、一方、複数の親子が日常的に同じ場所で過ごすと、小さないざこざや感情的なぶつかり合いも起こります。この章では、それらを子育ての学習のチャンスと考え、意図的に「関係をつくる」かかわり方を考えます。

8 関係をつくる

親しみやすい雰囲気をもつ

利用者が「うれしかった」と感じた体験でもっとも多いのが、スタッフから「声をかけられたこと」です。スタッフがいる交流の場では、利用者同士のつながりをつくることを意識して仲立ちになりましょう。初めての利用者や、孤立している人に話しかけることができますか。誰とでも気さくに雑談できるスタッフなら、押しつけがましくなく、おしゃべりの輪を広げることができます。

雑談あらため地域情報交流会。世間話、口コミこそ、居場所交流のもっとも大事な機能かも。

日ごろから「実家に遊びにきたように迎えよう」というスタッフの言葉どおりです。

子どもの遊び場でもあり、大人の息抜きの場でもある居場所交流型の子育て支援の場は、そこにスタッフがいることに重要な意味があります。その役割は、人と人との関係が「あたたまりやすい」ように働きかけること。不機嫌なスタッフ、威張り散らすようなスタッフでは、その役割が果たせません。

こんなところがいい

知らない人ってわかるのね
人見知りだから気にしないでね
STAFF

利用者を緊張させないことを第一に、あたたかく子どもを見守ります。

わかるわ～ 私も たいへん だったわ

共感できる話題は、同じ苦労をした子育ての先輩だからこそ。気さくな雑談ができることが大切です。

こんな態度はもってのほか

えー!?
きのうは → だったよ?
別の人?
WC
あの～ トイレは どこに…
はあ? ～
File
ちゃんと 見てよっ

自分の気持ちを切り替えるコツを見つけるよう意識しましょう。それでも人に気づかれるほど気分にムラがある人には、窓口を外れてもらう配慮も必要。

利用者 いないし…
もう絶対 来ないモンね
ポッツ～ン
ヤダ～ アハハハ
そしたら そのビデオ がさーっ
受付

利用したくない人は、黙って離れていきます。スタッフの行動はスタッフ同士で注意するしかないのです。

公平に接する

「差別したり、人を見下したりしてはいけない」と知っている人は多いのですが、それが行動として身についている自信がありますか。えこひいきや特別扱いは、どうでしょう？

ついつい、私たちは自分の話しやすい親や、接しやすい子どもとばかりかかわりがちです。お気に入りの子どもの好きな遊びばかりを設定していたり、常連の親子中心に声をかけたりしていませんか。そんな時、居場所を求めて初めて訪れた人はどんな気がするでしょう？　特定の子どもにばかり目が向いていないか、時々振り返ってみましょう。

自分の公平さの「ものさし」に気がつくことが重要です。
このイラストで、あなたの気になるところはどこですか？
そのうち、子どもにとって不適切なところはどこですか？

相手のコップに必要な量の水を足すことを意識して。元気な親子にはさらっと、悩みを抱えた様子の親子にはより時間を使います。

差別意識の強い同僚の言動が目に余るのに放置していませんか？　「沈黙は同意」となりかねません。また、誰にでも分け隔てなく接することは、必ずしも「均等」に声をかけることではありません。初めての人、不安やつらさを抱えている人、相談がある人など、スタッフの援助を求めている人は優先して。

こんなところがいい

子どものしつけは繰り返し。理解に時間がかかる子どもに、繰り返す回数が増えるのは当然です。

強い立場の人には、へつらうことなく伝えるべきことを適切に伝える工夫を凝らしましょう。理解者や協力者を増やすことで、子育てしやすい環境が広がります。

こんな態度はもってのほか

怒った理由は、どこにあるでしょう。怒らせた原因に気がつきますか?

この状態を放置しているほかのスタッフにも責任があります。何のためのひろばなのか、原点に戻って。

10 関係をつくる

対等な関係をもつ

スタッフと利用者は、立場は異なっていても地域で子どもを育てあう仲間です。でも親は、スタッフに対して、子どもへの対応は専門家的な態度で接してもらいたい、とも考えています。子どもは地域のみんなで育てるもの、子育てはみんなで助け合ってあたりまえという雰囲気は、圧迫感を与えない接し方や、威圧的、指導的な言い方、否定的な言い方をしないところから生まれます。

小さな子どもでも、ひろばの一員。地域の担い手の一人です。

ほかに遊ぶ場がないので、行き過ぎた管理に不満が言えない場合もあります。

子どもがおもちゃを出したらすぐに片づける、子どもが親のそばを離れるとすぐ注意する、ということでは、厳しく監視されているようですね。規則が多くて、おもちゃの使い方にうるさいような場では、スタッフの顔色をうかがいながら施設を「使わせていただく」ような感じを与えてしまいます。

こんなところがいい

お互いに「ありがとう」という習慣を育てています。

煮詰まった状況を変えたひと言は、次に誰かが困ったときに使えそう。子育ての知恵は順繰りに生かしましょう。

こんな態度はもってのほか

アドバイスは度を過ぎると、押しつけに。

親が未熟だから、と決めつけた声かけをしていませんか。
誤解があったら、ちゃんと謝りましょう。

関係をつくる

11

対応を相手に合わせる

会話のペースが合わないと、気持ちまでしっくりしない気がしませんか。声の大きさ、スピードなどを相手に合わせることを意識しましょう。おっとりした人や声の小さい人には、静かにゆっくり話をする、シャキシャキとスピードのある話し方のする人にはいつもよりアップテンポで話すと、お互いに話しやすくなります。また、耳慣れない言葉や難しい話は、相手を緊張させてしまいます。大きな動作や大声の利用者には少しだけ相手より小さい声、少しだけゆっくり、少しだけていねいに話してみましょう。

は〜い♪ きょうも元気ねぇ♪
ねぇ ねぇ ねぇ あのさ〜♪ ゆうべさ〜♪
STAFF
こんにちは こちらへどうぞ
あの… じつは…
STAFF

自分のペースを受け止めてもらえると、気持ちも受け止められた気がします。

こんにちは いっしょに 遊びましょう
STAFF
STAFF

相手との距離や目線の位置は心理面に影響を与えます。

対応を相手に合わせると、相手の気持ちを身近に感じられることがあります。姿勢や視線の向きを相手がするようにしてみましょう。視線をはずしがちな人には、じっと目を見つめずに。寝転がって遊んでいる子どもには、いっしょにごろんと横になって。相手の目線で見ると、周囲の様子がどう見えるでしょう？

こんなところがいい

声の大きさや、声をかける距離が、場の全体にどう影響するかわかって使い分けています。

焦らせない、という気持ちが自然にゆっくりした話し方になります。

こんな態度はもってのほか

度を超したていねいさは、かえって失礼。相手の状況に合わせて。

無理強いは禁物。一人でいたい気持ちも尊重して。

12

関係をつくる

仲間づくりを促す

誰にでも笑いかけ話しかけ、また逆にトラブルを引き起こす子ども。そのおかげで、子育ては、いやおうなく親を人のかかわりの中へと引っ張り出します。人と話すこと、人のいる場所へ行くことが苦手な親もいますが、親自身が苦手意識を克服して、人とかかわることも喜びだと思えるように、仲立ちしたいものです。また、利用者の仲間づくりを促すことはスタッフのもっとも重要な役割の一つ。ひろば以外の公園で遊んだり、お互いの家を行き来したり、グループやサークル活動につながって、地域で楽しく子育てができるといいですね。

よろしく
おねがいします
はじめての
○○さんです
こっちが
暖かいわよ
STAFF

新しい利用者をちょっと前から来ている人に紹介するしくみ。自分も体験したことなので、誘いかけてくれます。

子ども同士が遊ぶ場面では、大人同士も声をかけやすくなります。

ままごとや砂遊びなど、子ども同士が遊べるようなおもちゃのコーナーはありますか？　貸し借りや順番などは、集団場面でしか体験できないもの。「トラブルこそ、なかよしになるチャンス」と考えましょう。親向けの情報コーナーや読書スペースは用意されていますか？　特に育児サークルなどの地域情報は、これからサークルをつくりたい人たちには貴重です。

こんなところがいい

お誕生日が近そうね
STAFF
7月10日です
7月5日です

会話のきっかけ作りという視点で仲介しています。きっかけに成功したら、スタッフはさりげなく去りましょう。

ガブ
「かんだ親のほうがつらいでしょうね」って言ってたわよ
ホッ
STAFF

気まずくなった関係をどう乗り越えるかという視点で仲立ちしています。

こんな態度はもってのほか

おや子で作ろう！
ペットボトルロケット
講師 凸山凹子
はいっ今日はここまでサヨナラ〜
夕飯どうしようかな、
さっ帰ろうっと

仲間づくりの絶好のチャンスなのに自己紹介や交流もなく解散です。「講座を開く」ことだけが目的になっていませんか。

見守りというよりは……
私は立派な見守り役
見張り役？
むしろいないで

どういう行動が「ひろばでの見守り」になるのか具体的な行動で示されないと、ボランティアも困るし、親も困ります。

13 関係をつくる

場の全体に気を配る

居場所交流型の子育て支援の場は価値観も違うし生活も違う多様な人が集まる場です。交流の場を、ひとつの舞台に例えると、ひろばは劇場、利用者はさしずめ即興型パフォーマンスの出演者です。支援者は安全で安心な場を維持する装置係になり、照明係になり、劇場広報係にもなります。さて、舞台全体の進行全体に目が届く位置は、あなたの劇場のどの位置でしょうか。そこでは、舞台監督が全体に気を配っていますか?

死角の多い場所では、全体が見通せません。いくつかの部屋を使うときはそれぞれに目を配る人がいますか?

人をつなぐ役割を担っている人が手不足の場合は、お互いに声をかけあって動きます。

ひとりでは、いろいろな役割をこなすことができません。スタッフの役割分担があることは大事ですが、とっさにお互いを補える臨機応変な動きができることが重要です。お互いに声をかけあい、みんなで支えあって場をつくりましょう。

こんなところがいい

介入を見計らえる位置に人がいて、トラブルの前後をちゃんと見て解決方法を考えます。

オープンな場の中で、人目につきにくいスペースを確保する配慮も時には必要です。

こんな態度はもってのほか

気がついたことを、そのままにせず、取り除きましょう。

しなくてはいけない優先順位を考えて対処しましょう。

コラム Column

「子どもに届く支援を」

築地　律

Aさんにとっては、毎日の子育ては苦痛ではありません。パソコンに向かっている間、子どもにはビデオを見せています。洋服が汚れるから親が食べさせています。お出かけは車とバギーカーで急いで済ませます…。

子育てに困った様子のなさそうなAさんですが、社会との接点がうすく、自発的な行動が満たされずに親の都合優先で育てられる子どもは、健全な成育環境にいるとは思えません。Aさん親子にこそ、いろいろな人と直接接しながら―笑ったり、泣いたり、怒ったりしながら―子育て期を過ごしてほしいのです。大家族や地域の交流が豊かにあった時代の、いろんな人が担っていた「育てる役割」を意図的に再生している交流の場にきて、さまざまなやりとりの中で、子どもを育てましょうよ。時には面倒に思えることにも巻き込まれながら。だからこそ子どもの生きる力が育つんですよ…。もちろん、最初は短時間来るだけ、見ているだけでいいから。Aさんには、そう伝えたいのです。

子育て中の親子の孤立が社会問題となり、地域では、居場所交流の場が少しずつ増えてきました。親自身が誰かと話したい、子どもに友達をつくってあげたいなど「人と人とのふれあいを求める」動機をもつ人たちは、居場所交流の場があることで孤立から救われます。でも、大人同士の関係もうまくつくれない、子どもがほかの子のものを壊したり取り合ったりするのはわずらわしい、と考えるAさんのような「ふれあい」が重荷な人がいます。親に動機がなければ、子どもには届かない。そのことを忘れないで、Aさんが子どもといっしょにやってくる―そのために何をしたらいいのかを考え続けたいと思っています。

第3章

課題を知る

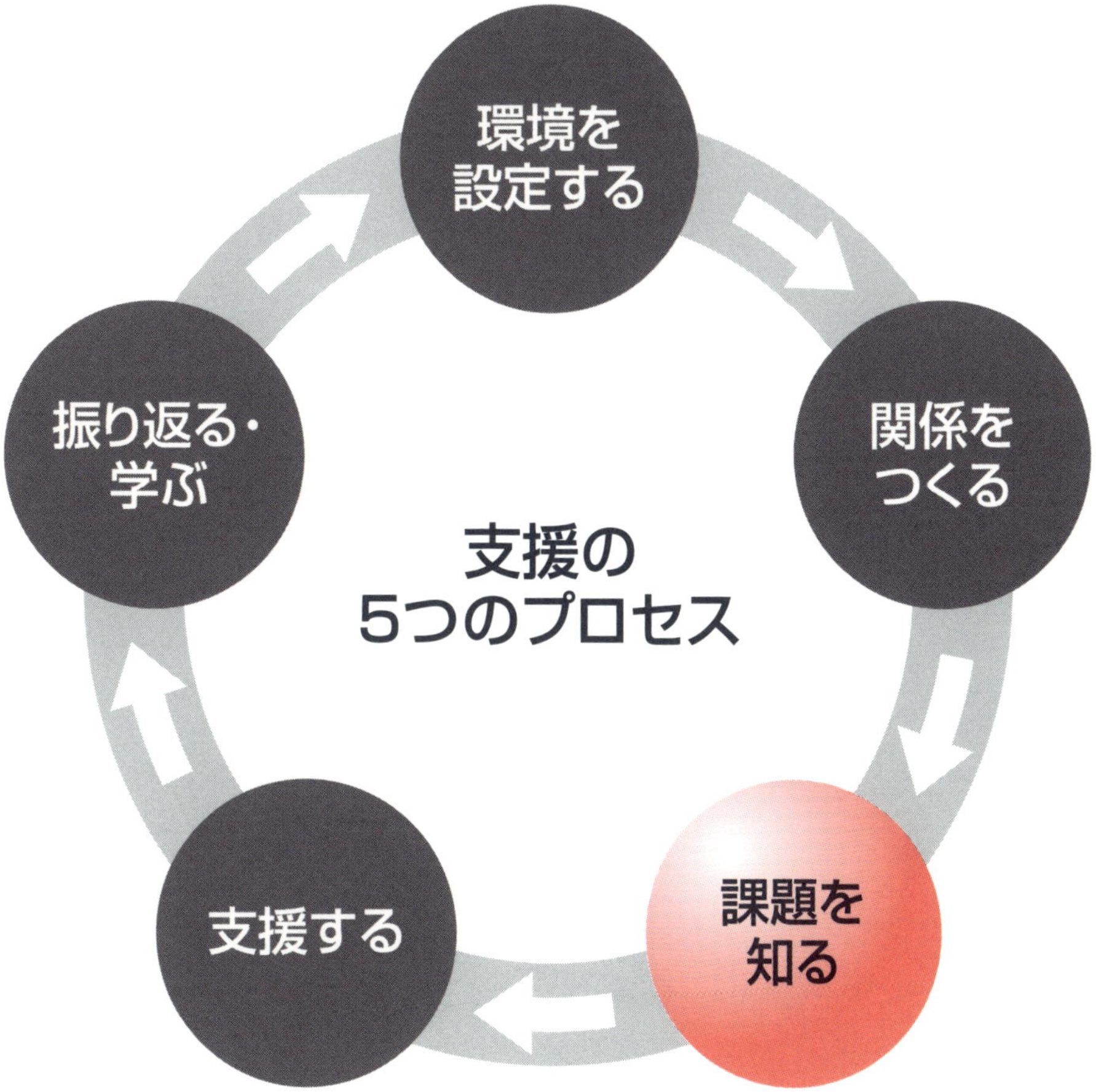
環境を
設定する
関係を
つくる
課題を
知る
支援する
振り返る・
学ぶ
支援の
5つのプロセス

子育ての悩みは、知識や情報を得ることで解消するものもあれば、高度に専門的な支援を必要とするものもあり、その範囲も親自身の生き方にかかわるもの、子どもの発育発達にかかわるものなどさまざまです。この章では、小さな相談が大きな課題の発見につながることもあることを意識しながら、子育てを通して親自身が育つように、周囲の大人がどうかかわったらいいのかを考えます。

14

課題を知る

気軽な相談を大切に受け止める

子育てでは、ほんのちょっとしたことをいつでも気軽に聞いて、悩みを深刻化させないことが大切です。子育ての相談では、専門的な知識や技術が必要な相談はごく一部です。「相談」になる前の「雑談」が、深刻な問題の予防になるのです。周りの人にちょっと尋ねてみれば「なあんだ」と思うことも、1人では不安や心配の種になります。支援者は、利用者にいつでも気軽に尋ねてもらえるように、利用者のそばにいましょう。何気ない会話の中で出てきた話題や質問に対して「実は私もそれを聞きたかった」と、その場がグループ学習の場になることも多いでしょう。

夜泣きが
ひどくて…
みんなは
どう？

子育ては、本来、他人の子育てを見ながら自然に学んでいくものですが、今、子育ての学習の機会はほとんどありません。初めて子育てをする親は、戸惑いでいっぱいで、悩みがつきなくても当然です。

経験者からすると「こんなことも知らないの」「これもできないの」と思うこともあるでしょう。そんなときには、説教したくなる気持ちをちょっと抑えて、「初めてのことはわからない」「見たことがないことはできない」と呪文を唱えてみましょう。

こんなところがいい

何か聞きたいことがあって広場に来る人は多いもの。でも、自分から声をかけられる利用者はごく一部です。そばにいて、話のきっかけをこちらからつくります。

たいしたことでなくても、今、実際にどうしたらいいかわからない、という質問もあります。「気にしなくていい」というだけでなく、具体的にていねいに応えたいものです。

こんな態度はもってのほか

たとえボランティアであっても、自分中心に発想しないように、スタッフとしての自覚をもちましょう。

個別相談では、みんなで話し合ったり、共に成長しあったりできる関係づくりにはつながりません。深刻な心理相談と相互支援のできるような育児相談は扱い方を変えましょう。育児相談は母親の心の問題というよりは、情報提供と環境調整で対応できることが多いのです。

課題がある親子に気づく

たくさんの親子を見ていると、大丈夫かな？ 心配だな、という親子に気がつくようになってきます。さりげなく見守って、何がその親子の現在の課題になっているのかとらえるようにしましょう。対応が難しそうなときは、それをすぐに直接、本人に投げかけるよりも、まずはほかのスタッフに様子を聞いたりして、場としてみんなでどうやって支えていくことができるか検討してみましょう。

子育て中の親子は何かしら課題をもっていても当然です。その解決に手助けが必要かどうか見極めるのはなかなか難しいことです。

ですから、その日の活動の振り返りの時間に、対応に迷ったり、課題を感じたりした親子について話し合う機会を設けて、だんだんと、対応の仕方を学んでいきましょう。日ごろから乳幼児親子によくある課題について幅広い知識や豊富な体験をもつよう努めておくことが必要です。例えば、㉖「特別なニーズをもつ子どもを支援する」㉗「親と子の関係を支援する」を参考にするとよいでしょう。

もし、それでも対応が難しいときは、場のことをよく知っていて、気軽に聞ける専門家と普段から密なつながりをもっていて、早めにアドバイスをもらうようにしましょう。

こんなところがいい

子どもの発達の段階で当然起きてくる課題は問題視するよりも、問題の意味するところを共通理解にして、みんなで成長を見守る雰囲気に。

親にも親として発達の段階があります。親子のコミュニケーションがずれている場合も。それなりの頑張りを認めながら、成長のきっかけを与え、みんなで支えていきます。

こんな態度はもってのほか

小さな相談が、大きな課題の発見につながること、現代の子育てがかつてよりたいへんで、親子がそれなりに課題を抱えている可能性があることに気づいていません。

経験したことのないこと、気づいたことについて、焦ったり、興奮したり、大騒ぎしてしまいます。役に立ちたくて、課題を発見することに熱を入れすぎてしまったりします。プライバシーにも配慮していません。

16

課題を知る

人としての存在を尊重する

支援の場は、いろいろな命が出会う交差点です。人の人生に触れるにあたっては、謙虚で誠実でありたいものです。どんな小さな赤ちゃんでも、どんな個性であっても、障がいがあってもなくても、一人の人間としての尊厳を敬うことができるでしょうか？　人の命の大切さに軽重を設けていないでしょうか？

また、母子を一体視して扱うのも、子どもが自分でできないこと、やりたくないことを押しつけるのも、親子の人権を尊重しているとはいえません。「～ちゃんのお母さん」ではなくて、名前を呼ぶようにしたり、子どもが伝えようとしていることをきちんと聞くようにしたり、日々の小さな言動を大切に、振り返ってみましょう。

参考資料：「ていねいなまなざし」でみる乳幼児保育　井桁容子（フレーベル館）

好きな果物は何ですか？　イチゴにはイチゴのおいしさがあり、リンゴにはリンゴのおいしさがあり、ミカンにはミカンのおいしさがあります。別々のおいしさを比較して、順番をつけるのは無理な話ですよね。人間も同じ。すべての人にその人のかけがえのない尊厳があります。

また、赤ちゃんを尊敬するというのが、わかりにくいかもしれませんね。そういうときは、赤ちゃんが遊んでいるのをじっくり観察してみましょう。上のイラストの赤ちゃんは、お鍋をひっくり返したり、たたいたり、なめてみたりしていますね。赤ちゃんはものの特徴や社会のルールを知ろうと、実際はもっと驚くほど複雑で難しい「実験」を繰り返し、科学者のように発見の喜びを味わっています。赤ちゃんのもつ大きな力に気がつくことで、赤ちゃんへの敬意が生まれるでしょう。

こんなところがいい

風がきもちいいね

小さな赤ちゃんとも、ちゃんと対話しています。普段から誰でも変わらず同じように尊重していると、それが日ごろの言動ににじみ出てきます。

少し暑いのかなあ
眠くなってきたのかな
なんで泣くの?
うぎゃあ〜!!

赤ちゃんの「泣き」は言葉です。「暑い」「かゆい」「眠い」「おなかがすいた」「寂しい」「つまらない」「痛い」「気持ち悪い」「うるさい」「まぶしい」「取りかえて」「遊んで」……。泣きの理由に耳を傾けましょう。

こんな態度はもってのほか

ほら貸して!!
困ったママねーっ
ムカーッ
あっ……

親子を指導、支援、教育の対象だと思って、自分より下に見ています。

コラッ!
こぼさないでって言ったでしょっ
ダレ? このオバサン
コワッ

大人にしないようなこと、自分がされたら嫌なことも子どもだったらいいと考えています。

17 課題を知る

多様性を受け入れる

支援の基本で大切なのは、相手の価値観、経験、力量を知り、それに合わせた内容や方法を選択することです。どんな親子も自分なりにその親子の人生を生きています。その親子がどういう道を歩んでこられたのか、に関心をもって、支援者の考え方の多様性を広げましょう。人にはそれぞれの価値観があり、いろいろな生き方をする──知識ではわかっていても、心情的に理解しづらいと、過剰に批判的になる支援者がいるかもしれません。また、意見や価値観の違いを対立と受け止めてしまいがちです。支援者の固定観念が、親子に生きづらさを感じさせる要因にならないようにしましょう。

こんなところがいい

利用者の多様な力を借りて、場を運営してみましょう。話が合いそうにない人たちも、仕事を通したやりとりをしている間にお互いを理解することができるようになります。

多様な文化に気がつくと同時に、子育てに対する共通の思いも感じられました。

こんな態度はもってのほか

人を立場や能力で縦に並べ、違いを上下差と考えています。目の前の親子を、偏見で判断しがちな自分に気がつきません。

自分に都合のいい、気の合う人とだけつき合おうとしています。

18

課題を知る

個別の問題を関係性の問題としてとらえる

すべての生物が相互に影響を及ぼし合って存在しているように、人は相互に影響を与え合って生活しています。子どもの食が細いという問題は、親の偏食に問題があるかもしれず、親の偏食はその子ども時代に何か理由があったから、かもしれません。一つの問題は、別の問題に影響を与え、一人の人は別の人に影響を与えています。個人や家族の問題のように思えても、実は日常生活や社会のあり方の中で起こっている場合がほとんどです。何か問題が生じたら、単純に原因と結果を結びつけて考えるのではなく、どうしてこんなふうになるのかなあ、と思いを巡らせてみましょう。

妊娠中の母親
過保護なおばあちゃん
チョコレート菓子や 甘い飲み物
年上のいじめっ子
粗暴な父親
正義の味方と怪獣のテレビ番組
コミュニケーションの未熟さ

親の睡眠不足
不安定になって夜泣き
イライラしてあたる

前日の来客で疲れて夜泣き→親の睡眠不足→翌日
イライラしてあたる→不安定になって夜泣き

子どもは親に影響を与え、親は子どもに影響を与えています。利用者はスタッフに影響を与え、スタッフは利用者に影響を与えています。それぞれの課題を別々にとらえるのではなく、双方が影響を与え合っているということを知りましょう。

こんなところがいい

すぐ手が出てしまう
Bくんのママ
ゴン☆
Bくんはたしかに手ごわい
ママの気持ちも
わかる
手が出るほかの
要因は
何だろネ?
Bくんのかわいい
ところを伝えたいなあ
がまんする
方法をおしえて
あげたい
ママだけの
せいじゃない
ここからスタート!!

親の負担感を減らすような働きかけが必要なときに、それを批判的にだけ言うのはまったく酷なこと。また、過去に起こったことをとやかく言われても、過去のことは変えられません。これから変えられる可能性のある課題に焦点をしぼって検討しましょう。

こんな態度はもってのほか

すぐ手が出てしまう
Bくんのママ
ゴン☆
Bくんがああなのも
ママのせいだよネ
母親なのに
ぶつなんて
サイテー
愛情が
足りないんだ
よね
生まなきゃ
いいのに
すべては
ママの愛情不足
ここで終わってしまう

相手の問題のとらえ方を把握する

自分が何かを問題と認識していたとしても、ほかの人は同じように問題と感じているかはわかりません。相手は問題をどう思っているのかなあ？　と、対話や観察などを通じて想像し、時には相手にたずねる中で明らかにしていきましょう。

これが正解と結論づけたり、相手を責めたりするためではなく、それぞれのとらえ方とその背景がある、ということろで、共に子育てについて考え、育っていくことが必要なのです。

感じ方トレーニング

乱暴な子どもの親は、どんなふうに感じていると思うか、思いつく感じ方をいろいろとあげてみましょう。それぞれの感じ方をする親に対して、どう接したらいいと思うか、仲間と話し合ってみましょう。

自分ではお手上げで、子どもと離れていたい
子どもとの外出をやめようかとまで思い悩んでいる
将来、加害者にならないかと怖れている
非難されないように虚勢を張っている

こんなところがいい

毎日
3時間
ビデオで
勉強させて
ます！

たとえ間違ったことを言っていた、していたとしても、まずは聞きましょう。頭ごなしには否定せず、その後、よい関係ができてから徐々にアドバイスしていく心配りを。

やりかえして
きなさい
優しい子だね
でも強い子に育てたい
って思うのね
小さいころの
私そっくり
なので…
え〜ん

相手の人生は本人が主役であり、その人の価値観や問題のとらえ方が重要であることを知っています。また、生活史が価値観に影響を与えることを知っています。

こんな態度はもってのほか

コンビニ弁当？
子どもが
かわいそー
だわ〜
だって ガス
止められてるんだ
もん
かわいそーなのは
こっち‥
STAFF
コンビニ

事情があって、作れないでいるかもしれないのに、いきなり…。

こらあっ
部屋がドロ
だらけっ
見て…
見てほしかったの…
STAFF
あっ
クスン…

まずは相手を知ることから…。

課題を知る

20

寛容な雰囲気の場をつくる

人は誰でも、大人も子どもも、間違い、失敗、思い違いをします。間違いや失敗は、そのままにしておくと問題でしかありませんが、もしそれをきっかけにして、状況をよりよくすることができれば、逆にチャンスになります。育つための場では、間違いが起きないように厳しく管理するより、ルールを少なくして、問題が起きたときには、ほどよい寛容の雰囲気の中で、何がよくなかったのか、どうしてそうなったのか、みんなで場をどうつくっていくといいのか、話し合って解決していくことが大切です。

間違いや失敗、未熟さを悪いことだと思う気持ちや怖れる気持ちが強いと、お互いにお互いを非難したり、批判したり、なかったことにしたり、ごまかしたりしがちです。

また、ルールを守る気持ちが強い人は、なかなかルール破りが許せず、白黒をはっきりさせたくなります。でも、そういう場は居心地が悪い場ですね。人はお互いさまで、補い合って助け合って一人前です。弱さや未熟さを互いに認め、互いに気持ちを許し合える居心地よい関係の場をつくっていきましょう。

こんなところがいい

あっ…
絵本が…！
大丈夫よ

スタッフが気をつけることで、子どものせいにしないで済むこともあります。子どもの手の届くところにトラブルの元が置いていないか再確認しましょう。

どうやって伝えましょうか…？

授乳時のコミュニケーションの意味や携帯電話の問題をお母さんたちに伝えるには……。いろいろな方法を考えてみましょう。

こんな態度はもってのほか

お父さん寝るならここにいないでくださいっ
STAFF
家でもここでも言われ言われ…
クッ

親は子どもと楽しく遊ぶべきだ、親は常に自分の子の面倒を見るべきだ、という価値観を信じ、自分が正しいと思いこんでいます。

ここに作った
がないよ？
あら？
お人形
は？
誘拐？
ドロボー？
やっぱキレイが一番
フーッ
STAFF
オール犯人
Toy Box

施設の管理や規則を最優先にしていると、その場が利用者のためにあることを忘れてしまいます。

コラム

Column

「利用者の課題解決にそっと寄り添う」

武田信子

子どもたちを育てていく中で、さまざまな問題が生じたり、課題解決が必要になったりします。問題や課題は、すぐに解決しなくてはならないものなのでしょうか？　もちろん、赤ちゃんは急速に発達しますから、解決を急ぐ必要のある問題も多くありますが、人は課題に取り組む中で成長していくものですから、簡単に解決してしまうよりも、じっくりと課題に取り組むことが大切な場合も少なくありません。

かぜをひいたときに、お医者さんにもらった特効薬で症状を抑えて無理に治すよりも、自分の体力を回復しながら、自分で免疫をつけて治していく方がいいのと同じですね。

利用者の課題を知ること、そしてその課題に対して、支援者が肩代わりして解決するのではなく、利用者が自分で取り組んでいく道程に寄り添うこと、が大切なのです。そのためには、支援者が、子育ての過程でよく生じる課題についてよく知っていること、そして、どの程度のお手伝いが必要なのか、手助けをした方がいいのかどうか、判断できる力をもっていることが望まれます。手元に出せる薬はあるけれど、それを使うタイミングを見計らうことのできるお医者さん、のように。

第4章

支援する

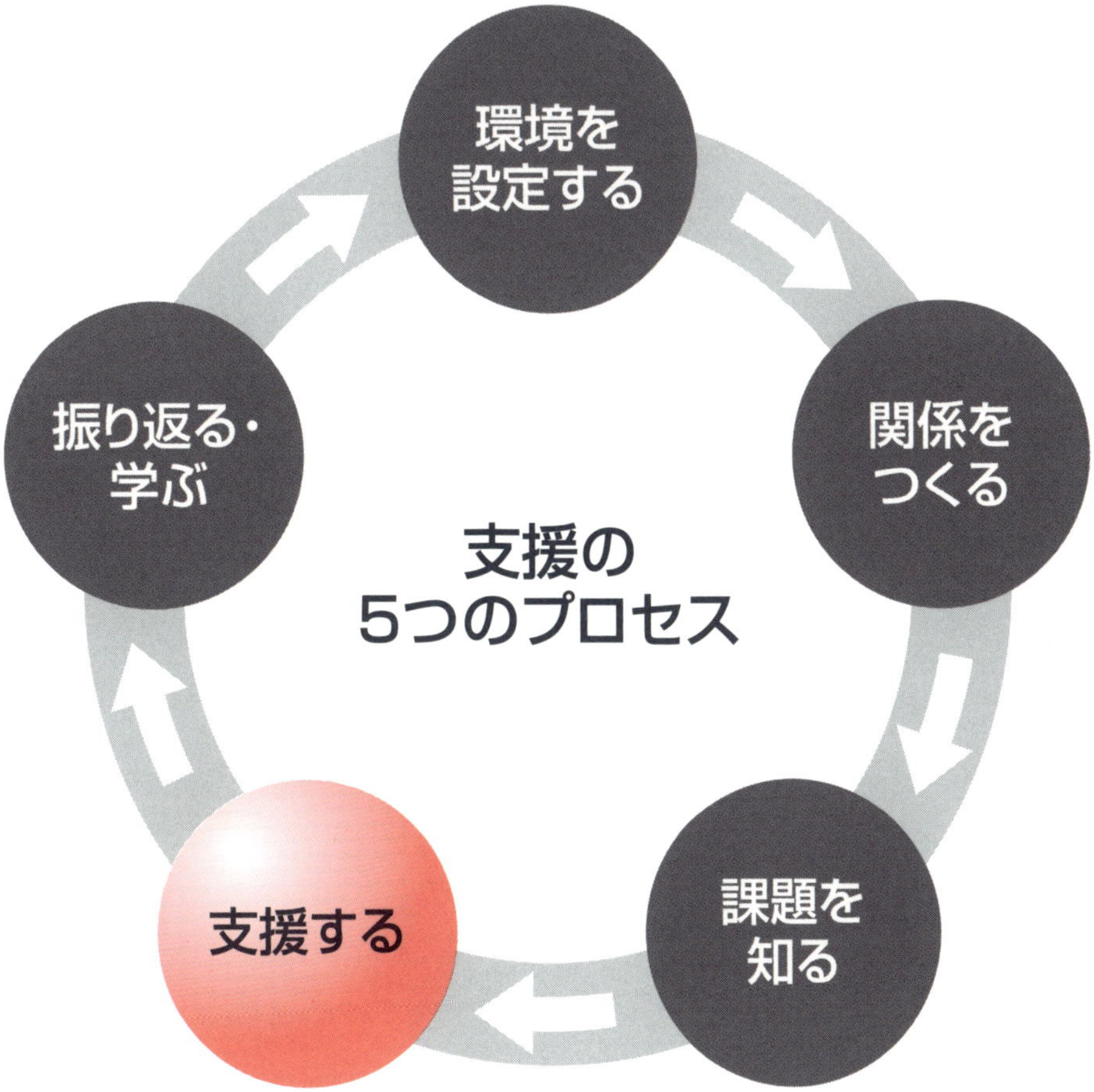

環境を設定する
関係をつくる
課題を知る
支援する
振り返る・学ぶ
支援の5つのプロセス

これまでのステップで見たように、子育て期の親子が、居場所交流型の子育て支援の場を利用すること自体が多様な人たちに囲まれて自然に育つ機会となります。地域でのあたたかい人の輪が広がることが、広い意味で、子育て期の親子への支援につながります。この章では、特に、課題を抱えた親子に対してより意識的な「支援する」かかわりの場面を通して、治療的な施設とは違う日常生活の場での、支援の考え方を明らかにしています。

21 支援する

肯定的関心をもって話を聴く・接する

「ちゃんと話を聴いてもらった」「自分の気持ちをわかってもらった」と思えたときに、話してよかったと感じます。話を聴くときには、話し手が緊張せずに安心して話せるように、うなずいたり、笑顔を返したり、共感の気持ちで話を受け止めます。まずは相手の話に耳を傾けましょう。途中で話をさえぎったり、話を否定されたりすると、話をしなければよかった、理解してもらえないという気持ちになります。

やっと寝てくれるようになって
そうですかよかったですね

あのね、
どうしたのかな？

話を聴くときは、相手の方を向いて目を見て話を聴きましょう。話し手が子どもならしゃがんで話を聴くなど、その人の目線の高さに合わせましょう。また、ほかのことをしながら聴いたり、話を聴きながら、どう答えようと考えていませんか。正解を言わなくてはなどと気をとられ、ちゃんと話を聴いていないということにならないように。

こんなところがいい

子どもも大人も同じように、一人の人としてちゃんと話を聴いてくれるスタッフに、この人なら自分を理解してくれると感じます。

子どもの様子や行動を言葉にすることで、親は子どもの成長を改めて感じたり、スタッフのあたたかい視線を感じたりします。

こんな態度はもってのほか

話しかけられていることに気がつかないほど、周りの様子に無頓着。

相手の欠点や誤りを指摘し、自分の正しいことを主張。
これみよがしにやってみせると、親は「自分はうまくできない」と自信を失ってしまうことも。さりげなさがポイントです。

22

支援する

他人の気持ちを想像し、共感的な対応をする

その人の気持ちに寄り添い、気持ちを理解しようとしていることが相手に態度で伝わるようにします。相手の置かれている状況や場面も含めて、そのときにどんな気持ちなのかを想像してください。時には言葉にならない感情に対して、その人の気持ちにぴったりの言葉をかけることも必要です。共感してもらえたという気持ちが安心感をもたらします。

○○ちゃんは どうするかしらね？
ひっこみじあんで困るわ…。

……。
もじ
もじ

わーん！
大変そう
それは毎日、大変でしょう

うなずいたり、相づちを打ったりするだけでなく、「そう、たいへんでしたね。」「それはよかったですね。」「本当につらかったのね。」など、気持ちに寄り添った共感の言葉を表してみましょう。その思いを言葉に出して伝えることでより一層相手の気持ちに共感していることが伝わります。

こんなところがいい

親の気持ちを理解して、まず共感の言葉を言えるように。

自分の気持ちをうまく表現できない子どもに、時にはスタッフが子どもの気持ちを代弁してもよいでしょう。子どもは人との対応の仕方を学びます。

こんな態度はもってのほか

中途半端にわかったふりをする必要はありません。わからないなりに理解しようとする姿勢を示しましょう。

自分の考えをとうとうと述べてアドバイスしたつもりになっていませんか。

23 支援する

わかりやすく伝える

専門的な言葉や難しい言葉を極力使わずに、日常的によく使われている言葉で話をしましょう。

わかりやすく伝えるためには、平易な言葉、特に相手の知っている言葉を用いる、具体的な行動を示す、たとえ話で話す、イラストや図など視覚的に示すなどの方法があります。「わかりやすく伝えよう」と、利用者の顔を思い浮かべながら、本を探したり、イラストや通信を書いて工夫をしたりするプロセスは、知識を整理し、支援者自身の専門性を高めることにつながります。

子育ての悩みには、初めてのことだからわからない、知らないからできないことが多くあります。離乳食やトイレトレーニングなど、ちょっとしたこつを知ることで、楽になることが多いものです。子育ての悩みは、似通ったことも多いもの。聞かれたことをその場でほかの利用者たちに尋ねてみるのも一つのいい方法です。

こんなところがいい

よく相談される内容については、ファイルにまとめておきましょう。利用者の話題づくりにも貢献できます。たとえ話、キャッチコピーはわかりやすく、伝えたいことをストレートに。

子どもとのかかわり方がよくわからない親に対して、さりげなく、押しつけがましくなく見本を示してみましょう。

こんな態度はもってのほか

具体的なアドバイスではないため、どうしていいかわかりません。

24

支援する

相手が自分の力に気づく働きかけをする

ほかの人から行動や態度をほめられることで、自分自身が気づかなかった自分のよさを発見することができます。自分の欠点はよく見えるのに、自分のよいところが見えなくて自分に自信がないという人にとって、自分のよさに気づくことは自信回復につながります。

また、子どもに対してもっと積極的に友達とかかわってほしいのに……などとイライラすることもあります。そんなときに、他者がその子どものよさを言葉にすることで、親は自分が気づかなかった子どもの違った面や長所を発見することができます。

できたねー
もう ひとつ がんばって みようか！

子どもが自分でやったという気持ちを大切にしましょう。遊びを指示したり、子どもを無視した声かけをしたりするのは、子どものやる気をそいでしまいます。

ゆったりね
のろいわね

人の長所、優れているところなどは、人それぞれです。見方によっては、長所にも短所にも見えます。それをよい面から見るという習慣をつけていきましょう。例えば、「すぐに決断ができずに優柔不断な人」と見るのではなく、「いろいろな面から熟慮して、軽率な行動をとらないタイプ」と見ることによって、その人の見方が変わるはずです。

こんなところがいい

声の使い分けが
うまいですね。
今度ほかの子どもたちにも
聞かせてあげたいなあ

自分では気づかない面を、スタッフが言葉にすることで気づくことができます。

○○さんは
聞き上手ですね
話す方も安心して
ゆったり話せますね。

どんな行動も前向きに評価する習慣は、積極的な行動につながります。

まったく
積極性がなくて
のろのろしてるんだから
△ちゃんは
とってもよく
観察して
いるんですね
じっくり
考えて行動
するので、安心して
見ているんです。

親の気づかない子どもの長所を言葉にすることで、子どもを見る親の目線が変わり、子どもへの対応を変えることができるようになります。

25 支援する

子どもの育ちを支援する

子どもの育ちには、家族以外のさまざまな人とのふれあいと、自然や物との多様なかかわりが必要です。子どもが、家庭や地域のなかで育ち、さまざまな人のなかで育ち、さまざまな経験ができるきっかけになるように支援の場をつくってみましょう。

支援の目的は、親子を楽しませることではなく、親と子どもの健やかな育ちを支えることです。親は子どもを健やかに育てたいと願っています。子どもの育ちには主体的な遊び・睡眠・食事・人とのかかわりが不可欠であることを、親が自然に学習できるしかけをつくりましょう。

必要な子どもには、子どもに合ったおもちゃをさりげなく横に置いたり、子どもに直接働きかけたりして子どもの応答性（働きかけに反応する力）を高めるように援助します。

遊びについて

赤ちゃんであっても、子どもは環境さえ整えば自分で遊びをつくりだすことができます。親は、子どもに何かを教えてもらうことを好みますが、乳幼児期には子ども自身の欲求に基づく遊びがもっとも大切です。自分自身が今もっとも必要としている遊びを繰り返した子どもは、情緒も安定します。大人がずっと遊んであげる必要はないことを知ると、親の育児負担も軽くなります。

支援の場を利用する人が増えると「いつの間にか外遊びへ行く親子が増えて、地域の公園に人が増えた」「支援の場を利用してから、子どもが家でもよく遊ぶようになったし食欲が出て早く眠るようになった」というように、地域や家庭の生活全体に影響を与えるような場でありたいですね。

こんなところがいい

子どもの育ちには斜めの関係が必要です。

笑わない、視線が合いにくい、声を出さない赤ちゃんには意図的に応答性を高めるような働きかけを行います。

こんな態度はもってのほか

場によっては、「子どもは大人がずっと遊んであげないといけない」という誤解を与えます。「専門家にお任せ」という育児の外注化を促す場にならないように。

DVDやビデオは、乳幼児の健やかな育ちを支援する場にはふさわしくありません。

26

支援する

特別なニーズをもつ子どもを支援する

すべての子どもは一人ひとり、特別なニーズをもっています。そのニーズに応えるためには、その子の世界に入っていくしかありません。また、特別なニーズをもった子どもの親に対応していくためには、その親のニーズからアクセスするしかありません。小さな子どもの場合は、たとえ何らかの障がいがあったとしても、診断ははっきりせず、親も特別な扱いを望まないことが多いものです。ですから、「～障がいのある子」への特別支援、と考えるのではなく、どの子もみんな一人ひとりの課題に応じて、その子なりに成長発達していけるように環境を工夫し、配慮していくことが求められます。

関係の援助が必要な親子の例

ー親子の距離感が遠すぎる（2歳まで）

赤ちゃんと親が、視線を合わせない。
（4か月すぎ～）

話しかけても視線が合わない。
表情が乏しい。（4か月すぎ～）

子どもが親を振り向かない。
親がいなくても平気。

泣いても親のところへ戻らない。

子どもの特徴を一番よく知っているのは、毎日接している親です。こだわりの強い子、動き出したら止まらない子、特定の色が苦手な子、ちょっと変わった子、繊細な子、視線の合わせにくい子、特別な才能のある子などに対して、場が安全か、特別な対応や支援が必要か、可能か、何があればそれが可能になるかなどの判断をするためには、対応に慣れた親や専門家から学んだり、じっとその子の世界につきあったりすることが必要です。

たとえ、診断がはっきりしている子どもの場合であっても、地域の支援の場は、治療的な施設とは違った日常の生活の場であることに意味があります。特別な技術のいる支援ではなく、自分たちにできる範囲のことをていねいにしていくことが大切です。

こんなところがいい

安心して利用できるように、とりわけ親との信頼関係とコミュニケーションを大切にしましょう。その上で、育てにくい子どもを育てている人から相談を受けたら、障がいに関して適切に対応できる専門家につなぎましょう。

「ほかの子と違いがあるから、気がひけてなかなか遊びに出られなかったけれど、ここでは分け隔てなく扱ってくれて、しかも子どもへの配慮をしてくれるので、安心できそう。また来ようかな」

こんな態度はもってのほか

安易な判断や軽率な言動は子どもと親を傷つけることがあります。「伝える目的」「判断の根拠」「今後の対応策」が明確で、相手に受け入れの準備ができているタイミングのとき以外に言うのは問題です。

十分な知識がないために、障がいのある子どもを必要以上に過保護に扱ったり、排除したり、興味本位でかかわったりすることは、子どもと親を傷つけます。

発達障がいも、親の育て方が原因だと思ってしまうのは、勉強不足です。

27 支援する

親と子の関係を支援する

　子どもが生まれてから、親と子は少しずつ関係をつくっていきます。最近では、赤ちゃんの時期からテレビに子守をされる時間が長いために、親子の愛着関係がつくられていない場合も珍しくありません。初めての子育ての場合、親自身はわが子との関係が形成できていないことに気づかないことも多いでしょう。また、親子であっても関係に課題を抱えていることもあります。

　親子関係の課題に早期に気づき、関係形成に適切な支援ができれば、生涯の親子関係が変わることにつながります。

　親と子が「ちょうどいい関係」をつくれていない、または関係がねじれてしまっていると気づいたとき、その子どものよい面や、その親の子育てのいいところを言葉にして伝えることが相談のきっかけになることがあるようです。子どもと直接かかわって応答性を高めたり、おもちゃを媒介にして、親子の遊び方のモデルをさりげなく示したりしましょう。

親と子のちょうどいい距離感

♥生まれたばかり…

親
子ども

自我はまだ親（環境）と一体

♠1歳ごろ…

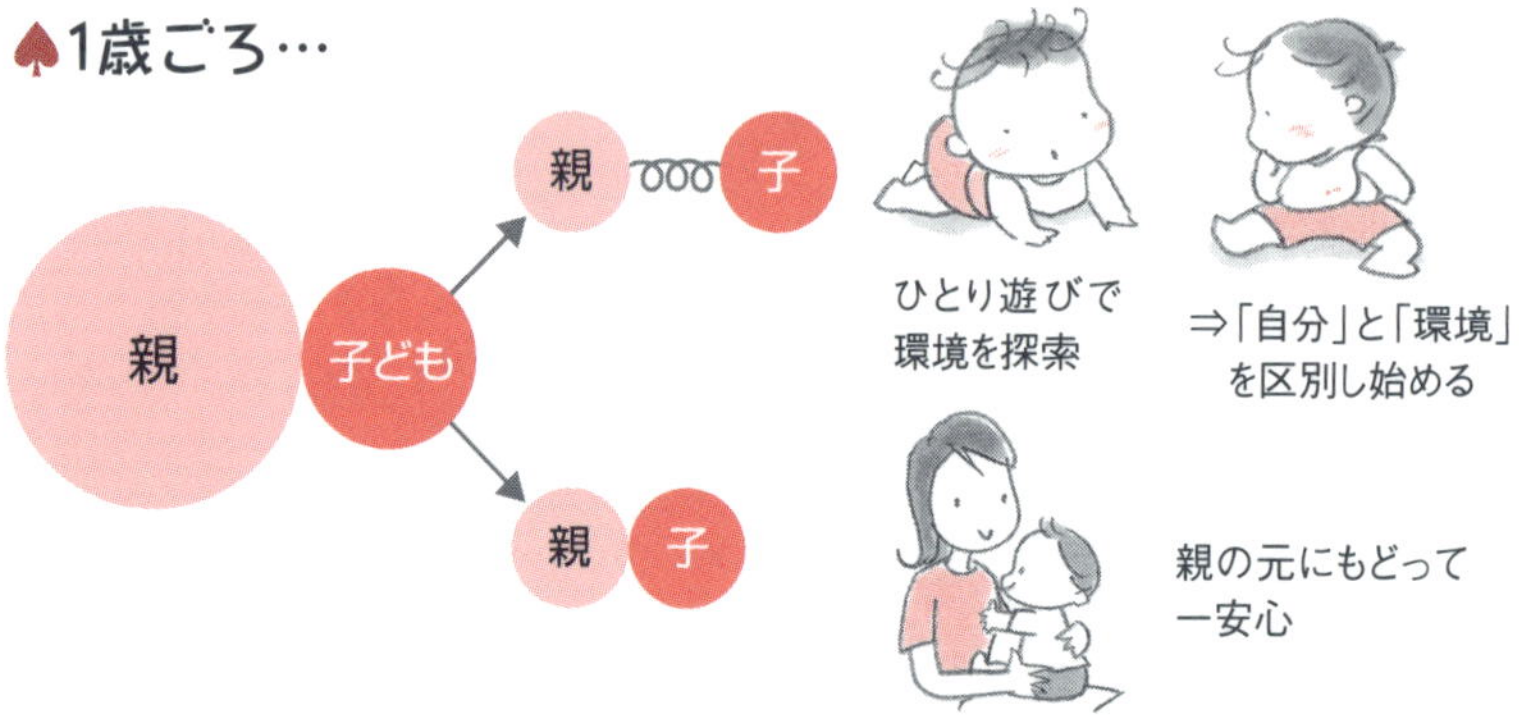
親
子ども
親
子
親
子
ひとり遊びで環境を探索
⇒「自分」と「環境」を区別し始める
親の元にもどって一安心

◆2歳ごろ…

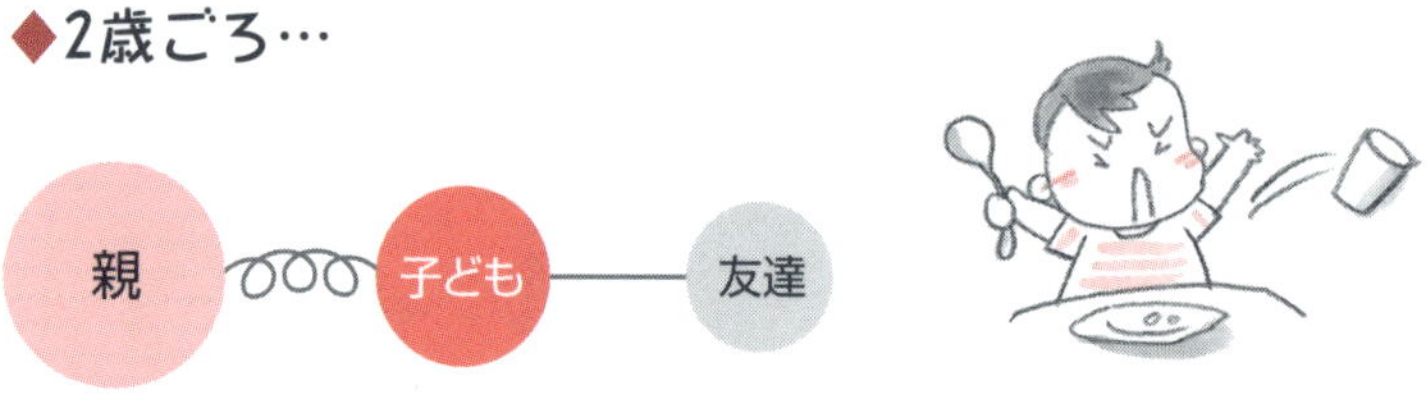
親
子ども
友達

「イヤ!」「しない!」自分の意志がはっきりしてくる

♣4歳以降…

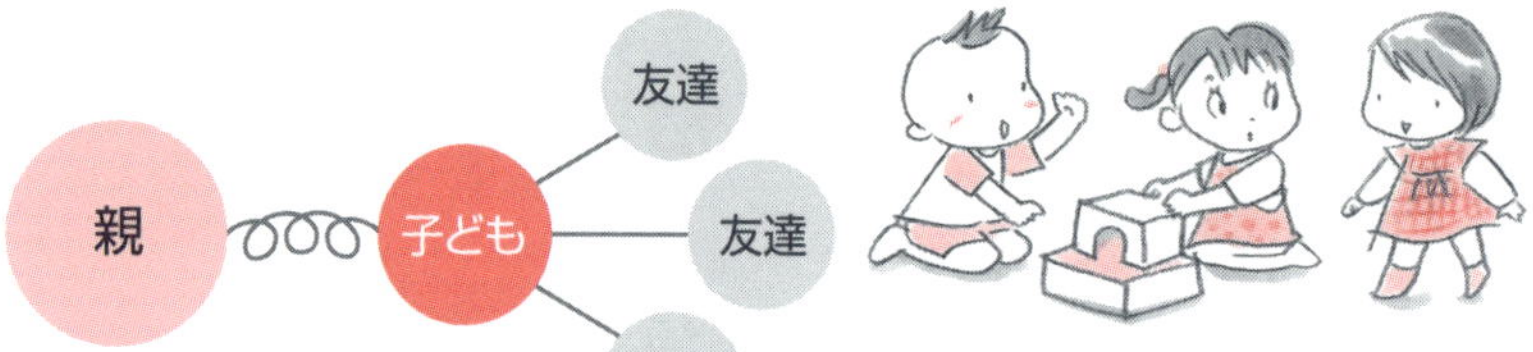
親
子ども
友達
友達
友達

自分の世界と交流する世界がひろがっていく

関係の援助が必要な親子（2歳過ぎ）

親と子の課題に気づいたときには、
㉑～㉙を用いて支援してみましょう。

次はね…
かしてごらん。

子どもにずっと遊びの指導をしている

あれ
楽しそうよ
○○
してみたら
ブー

子どもの真後ろをついて歩いて
ずっと子どもに声をかけている

おかあさん

親が子どもに背を向けている

親が子どもを不快な目で見ている。
子どもの姿を見ながらため息をつく

うるさいっ!!
ワー

どなる、たたく。
傷つける言葉を言う

ねばり強く支援し続ける

親としての完璧《ぺき》を求めることが支援の目的ではありません。その人なりに、子育ての方法を見つけ、子どもとの関係をつくり、子どもとともに少しずつ親として成長していきます。

一度聞いたことをすぐに理解をして行動できる人はめったにいるものではありません。それまでの習慣を変えることには時間がかかります。一度や二度、働きかけて変わらないことはむしろあたりまえです。子どもにも大人にも、多様な方法で繰り返し働きかけましょう。

私たちは誰もが未熟で弱い存在です。成長する過程では失敗もあります。失敗や未熟さをあたたかく見守ることができるといいですね。

料理が苦手で離乳食が苦痛なの
大丈夫、できることから少しずつやっていきましょうよ。
市販のものを利用してもいいんですよ

いっしょうけんめい寝かしつけて10時半よ
すごいね
30分も早くなったじゃない

子どもができないことは、あたりまえだと思えるのに、「親なら～すべきだ」などと、大人には「できることを当然」と見てはいませんか。

経験がないとできないこと、知らないから見えないこともたくさんあることを知っておきましょう。間違えたことを非難したり、「また間違えた」と指摘することは、「あなたはだめだ」と言っているのと同じです。人が成長することを信頼して、「大丈夫」だと心から言えるようなスタッフになれるとよいですね。

こんなところがいい

問題を子どもの性格と決めつけずに、資料を示して原因を探す姿勢が育つように、支援しています。

手先を使うおもちゃを用意することで、遊ぶうちにいつの間にかボタンが留められるようになります。

こんな態度はもってのほか

個々の事情をくみ取らずに、理想をただ押しつけるだけでは、生活を改善する手だてにはなりません。

行動の背景にある理由を探ろうともせずに、行動を非難しても変わりません。

自分が対応できる親子かどうかの判断をする

どんな施設や機関でもその場ですべての支援ができるわけではありません。また、一人でできることには限界があります。支援は、さまざまな施設や機関や人の連携のうえに成り立ちます。地域の中で自らが所属する施設が果たす役割を確認しておきましょう。相談を受ける場合は、自らの限界を知っておくことが必要です。深刻な精神状態の利用者を励ましたり、すぐに対応が必要なケースを抱え込んでしまったりして、問題をより深刻化させることもあります。対応が難しそうだと感じた場合には、自分一人で判断をせずに必ず周りに相談をしましょう。

これでよかったんでしょうか
ええ、とてもよく対応されたと思います。大丈夫ですよ。
対応に迷ったり困ったことはいつでも相談してくださいね

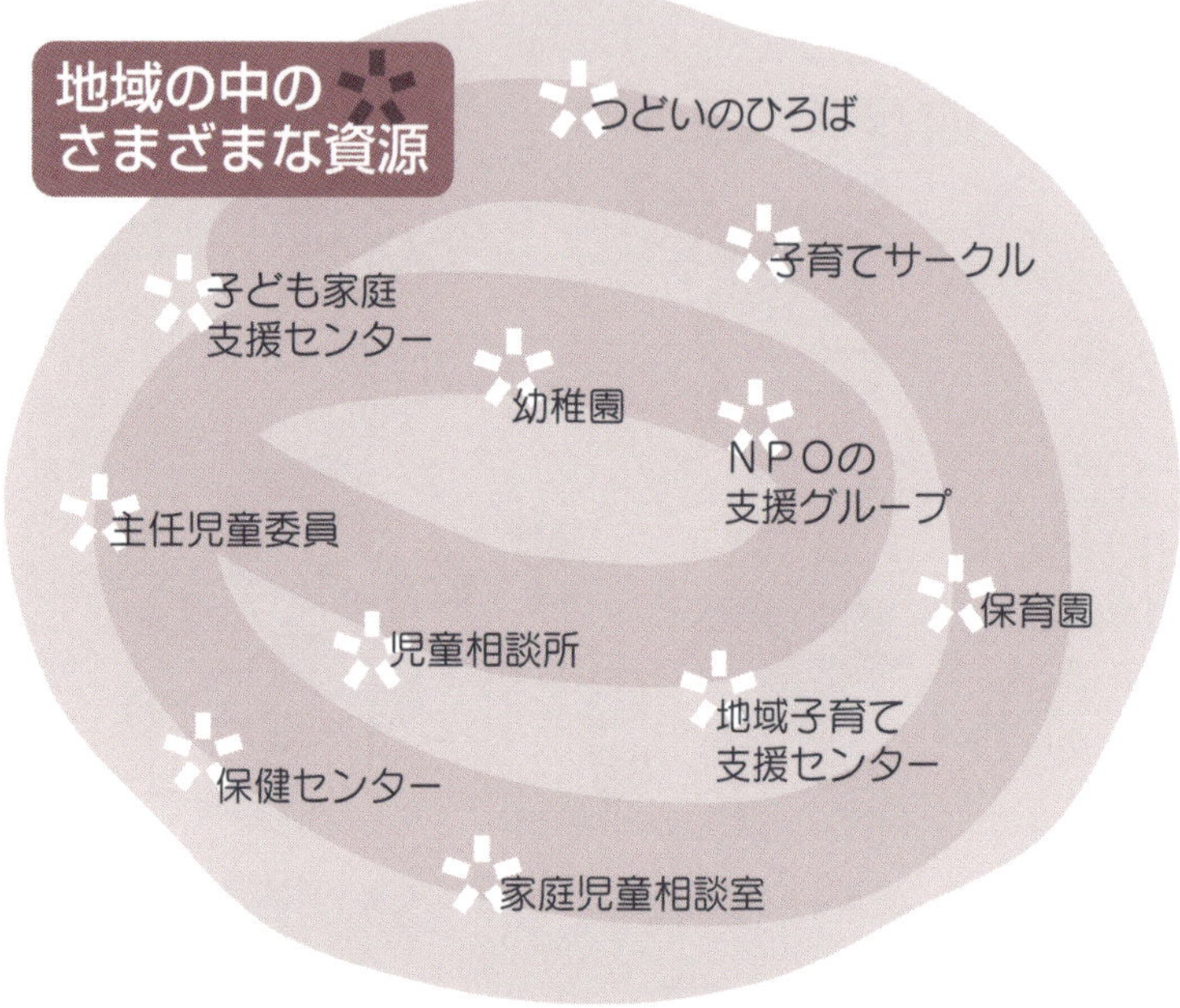

地域の中のさまざまな資源
つどいのひろば
子育てサークル
子ども家庭支援センター
幼稚園
NPOの支援グループ
主任児童委員
保育園
児童相談所
地域子育て支援センター
保健センター
家庭児童相談室

家庭と子どもをつなぐ資源

支援が限界だと思ってからほかへつなげるのではなく、支援に見通しをもって、難しいケースでは事前にほかの機関や施設と情報を共有するなど、いざというときに迅速な対応がとれるようにしておくことも大事なことです。そのために、地域のほかの相談窓口や支援機関・医療機関などと個人名のつながりをもっておきましょう。スーパーバイザーのいない施設は、スーパーバイザーを確保するなど、スタッフの相談にのってもらえる人を地域で探しましょう。

こんなときにはすぐ連携

どこか ほかの子と
違う気がするけど…

スタッフが相談にのっていて、自分の所では判断が難しいと感じた場合には、専門家の判断を仰ぎながら、対応を考えましょう。

妻の様子が
いつもと
違って…

緊急性が高いと感じた場合は、スタッフだけで対応するのは危険。様子を見守りながら、児童相談所、家庭児童相談室などの専門機関と連携をとって。

こんな態度はもってのほか

ママの
気持ち
相談前
相談後
子どもが
…で…不安で
不安で…
ドヨ〜ン
かっ…
かわいそ〜〜っ
!!
STAFF

相手の話をまるで自分のことのように感じてしまい、感情的に対応してしまうと冷静な対応ができず、相談者の不安が増します。

オギャーッ
オギャーッ
母親
失格です
…
しっかり
して!
私がやらなきゃ
誰がやるっ

仕事と私生活の区別をつけず、個人的に対応をすることは、職務を超えた行為です。

コラム

Column

「受容するという意味」

汐見和恵

支援者のコンピテンシーとして大切な要素に「受容する」ことがあります。受容とは相手を受け入れるという意味ですが、相手を受け入れるとはどういうことでしょうか。相手の言うことを「そうですね。その通り」と言うことが受容することでしょうか。たとえ相手の言うことが間違っていても、まずは相手に「そうですね」と言うことでしょうか。

受容というといつもニコニコ相手の話をうなずきながら、ちゃんと聞いて「そうね。それでいいんですよ」と返してあげる……そんなイメージをもっていませんか。でも、自分の価値観と違ったり、賛成しかねることだったり、反道徳的なことだったりしたらどうでしょう。

例えば、相手が勘違いをして話をしたとします。そのとき「ああ、それは勘違いですよ。それは〜なんですよ」と正しますか？　「基本はまずは相手を受容する」だったけど、勘違いしているんだから訂正してもいいんじゃないかしらと考えますか？

相手を受容するとは、相手のすべてに賛成をして、それをOKですよと受け入れるという意味ではありません。では、どうすればいいのでしょう。

まずは「なるほど、○○さんはそう考えているんですね」と、相手の考えを認めてその事実を受け止めること。それこそが受容するという意味です。

または自分と価値観が違って、自分としては賛成しかねるような話の時でも、「そうですか。○○さんはそう考えていらっしゃるんですね」と相手の考えを認めます。その後でなぜそう考えているのかを聞いてみればよいわけです。

このように、受容するとは相手の考えや行動を尊重して、相手を認める行為です。自分がその考えを丸ごと賛成して受け入れることとは少し違います。

「受容」とはなかなか難しい行為ですが、支援をする人は「受容」する意味をきちんと理解して対応していきましょう。難しい場合には、少なくとも相手を責めたり、非難したりしないことを第一にして、対応しましょう。

第5章

振り返る・学ぶ

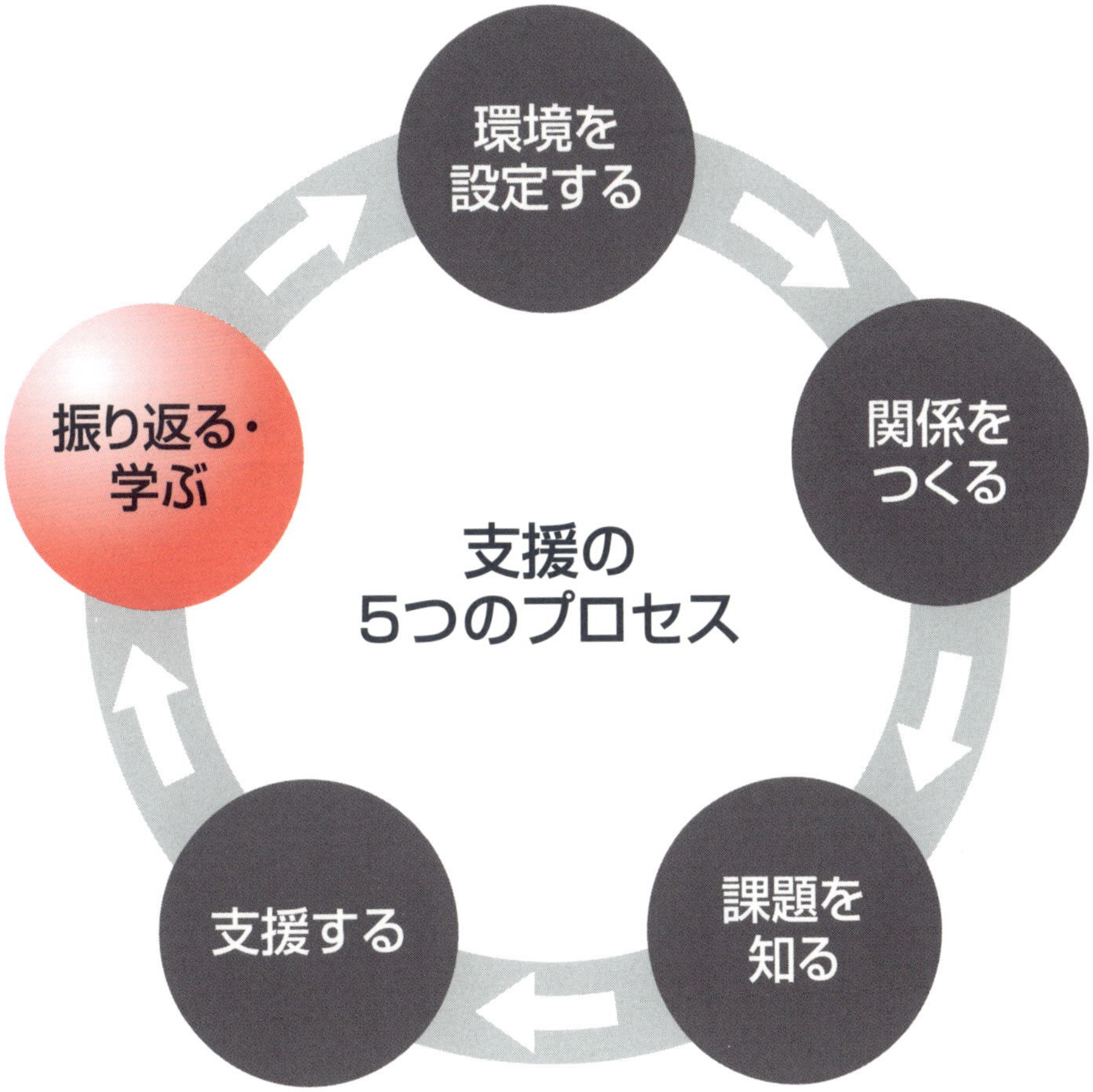
環境を
設定する
関係を
つくる
課題を
知る
支援する
振り返る・
学ぶ
支援の
5つのプロセス

居場所交流型の子育て支援の場では、完璧《べき》な支援者が一人だけいるよりも、多様な支援者の組み合わせによって運営されている方が、現実的であり大切です。ただし、支援の場として適切に機能するためには、活動の目的を共有すること、誰が、どのような役割を果たしているかを互いに意識することが必要です。この章では、特に、自分では気がつかない自分の行動を指摘しあいチームの力を高める方法について考えます。

チームワークを尊重する

親と子の関係づくり、親同士の関係づくりのほか、スタッフ同士の関係づくりやチームワークはとても重要です。スタッフの中には、経験豊富な人もいれば、経験の浅い人もいます。また、それぞれ生い立ちや家庭環境、スタッフとしての持ち味もさまざまです。スタッフ一人ひとりがリラックスして持ち味を発揮しつつ、うまく連携できるような「雰囲気」や「しくみ」が工夫されていますか？

若くて元気
赤サポーターッ
海外から来たヨ
黄サポーター
オレは男だ
青サポーター
しっとり系は
紫サポーター
STAFF
STAFF
チームをまとめるベテラン
桃サポーター

いいかんじ♪
がんばってるじゃん
ニャンニャンだよ～
反応してる～
あー
STAFF
BABY

それぞれのスタッフの持ち味をうまく引き出すことに関心があるタイプがリーダーに向いています。何でも自分がやらなくては気がすまないタイプは人を育てません。

目、耳、口、鼻、手、足それぞれの役割は異なっていますが、一つの身体を構成している大切な器官です。居場所の関係もそれと同じです。目に見えないあたたかい空気感が自然とかもし出されると、経験の浅いスタッフが相談しやすい雰囲気になります。スタッフ一人ひとりの表情、立ち居振る舞いを見ていないようで見ているリーダーの役割、ベテランスタッフのフォローが重要なポイントです。わからないこと、失敗したことを、マイナス評価にしない雰囲気がいいですね。

こんなところがいい

● 情報の共有 ●

スタッフがさりげなく引き出した親子の情報を自分だけのものとはせず、お互いに声をかけあって、親子の「最新情報」を共有していることは重要です。

● 失敗談に学ぶ ●

失敗談を共有することで、新米スタッフの気が楽になる効果と、失敗回避の知恵につながります。

こんな態度はもってのほか

チームワークを壊す動きをするのは、「百害あって一利なし」です。

スタッフのやる気だけではなく、利用者の信頼もなくしていることに気がつきましょう。当研究会が調査をした結果、すばらしい実践をしている人ほど専門家ぶらない傾向がありました。

31 活動の分析を行う

魅力的な活動、居心地のよい場を維持するには、絶えず改善策を模索していく姿勢が不可欠です。日々の活動に追われるだけではなく、時には立ち止まってこれまでの活動を振り返り、現状の課題や今後の運営方針について、スタッフ全員で話し合う姿勢も大切です。

へえ〜このツボは効きそうだな〜
なるほど〜
子育て支援
支援のツボ
コンピテンシー

私の「また来て」って言い方 押しつけがましい？
ああ 私も言うけど…相手による？

●振り返り●

親子が帰った後などに、スタッフがその日の実践について振り返ったり、話し合ったりできる環境がありますか。

スタッフ一人ひとりが現状の課題を見つけだし、いっそう「魅力的な活動にしていこう」という積極的な姿勢が重要です。スタッフが自由に意見を述べることができる話し合いの場を設定し、活動の中でよかった点、工夫が必要な点、さらに新たな視点が必要なことなどを、みんなで出し合ってみましょう。

こんなところがいい

苦言への対応

この間はゴメンなさい
気を悪くされたよね
もう来てくれないかと
思ってた
私も文句言って
すみません
待っててくれたんだ…
スタッフ

日々の活動の中でスタッフが気づいたこと、利用者からの苦言をきちんと記録に残し、対応策を講じる仕組みが根づいていますか。

活動中の分析

元気ですねー
ママの視線チェック
子どもの動線チェック
ピピピ
ピピピ

日々の活動の分析は、何も改まった場でないとできないということはありません。むしろ、現場にこそ改善のタネ、知恵のもとは転がっているものです。

こんな態度はもってのほか

前回のアンケは4.2mm
今回は?
3.7mmの厚さの回収です
って厚みだけ?
記録
アンケ 2005
アンケ 2008
アンケ 2003
アンケ

活用されないならば、むしろ利用者アンケートはとらない方がましです。

ああ今日もいい支援ができたわー♥
バイバーイ
Aちゃんかわいいし～♥
※こういう子はアウトオブ眼中
キーッ
ウギャー…ッ

単なる自己満足に終わっていないか、絶えず自己チェックする姿勢がほしいものです。

32

振り返る・学ぶ

実践のために学ぶ

自分の支援に謙虚になって振り返ることから課題を発見できます。まず、そこから始めましょう。スタッフ同士がお互いの課題を率直に話し合い、振り返ることができる時間と場所を共有することがもっとも効果的な学びです。こうしてチームとして課題を共有し話し合うことによって、スタッフ一人ひとりの支援の質が高まり、支援の場全体の支援の質も高まります。

だからもう少し外遊びの体験をできないかなって…変ですか?
変じゃないヨ～
もっと具体的に考えてみようか
新人スタッフ
うんうん

ひろば内研修
はい質問
今のところもう一度
こんな時は?
それはですね
外部講師
負けないわよ

研修会は、日ごろ抱えている課題の解決に向けた具体的な行動につながる主体的な学びの場にしましょう。

実践のために学ぶことは支援者として欠かせません。スタッフ一人ひとりが資質を向上させるために努力をし、目的を共有してよりよい実践を目指しましょう。また、率直に意見を交換できるような開かれた場であることも重要なポイントです。

こんなところがいい

ほかのスタッフの実践や、目の前の親子の姿から学ぼうとする謙虚な姿勢をもちましょう。

ひろばの目的をスタッフ全員が共有したうえで、個々の得意分野を生かすとチームの力は高まります。

こんな態度はもってのほか

社会は、教え教えられ、助け助けられ、お互いさまの関係でできているものです。自分が支援することもあれば、その相手から逆に支援されることもある、そういう関係を大切にしてみませんか?

学んだことを実践に生かすことは大切なこと。でも、唐突な変化が親子にとってもスタッフにとっても居心地のよくない結果になっていないか、みんなでチェックすることが必要です。

コラム Column

「一人の10歩より10人の一歩」

今井豊彦

支援の場のスタッフも、さまざまな個性の持ち主です。あるスタッフは子どもと遊ぶのが大好き、またあるスタッフはお母さんの話を聞くことが大好き、はたまたあるスタッフは部屋の環境構成するのがとっても上手、などなどです。

来場される利用者も多様です。スタッフも多様であること、まずスタッフの多様性を認めることが、利用者の多様性を認めることにもつながります。

自分の支援を見つめ、課題を見つけて、課題を意識して学ぶ。こうして個人の力量を高めることはもちろん重要なことですが、一人ひとりが完璧《ぺき》な支援者を目指すのではなく、足りないところはお互いに補い合って、チームとしての力量を高めることによって、利用者にとってもスタッフにとっても居心地のいい場所になっていきます。

おわりに

みんなで生きているこの社会で自分のできることはなんだろう？

「ちっぽけな自分だけど、小さな赤ちゃんとその赤ちゃんを一所懸命に育てている親に、何かしてあげたいな」そんな気持ちを大切に、この本を読んでいただけましたでしょうか？

この本が、今すやすやと寝息を立てている赤ちゃんたちと、その隣でくたびれきって眠ってしまったお母さん・お父さん・おじいちゃん・おばあちゃんたちを支える皆さんに役立つテキストであればと願います。

子どもは社会の宝物です。どんな小さな命も、社会が責任をもって大切に育てたいですね。

み・ん・な・で

様々な力を持った人たちが～赤ちゃんもすばらしい力の持ち主です～
みんなで集まって、それぞれのあり方でそこにいる。
そんな居場所がすてきですね。

でも、ここであえて、わたしたちは、
わたしたち一人ひとりの日常の行動をことばにし、
自分自身に問いかけてみることにしました。

何らかの目安があると、人は自分を見つめ直すことができるから。

自分にできるいいところ、自分が特に心がけているいいところが見つかりましたか？
謙虚にそれを暖めて、大切にしましょう。

自分に足りないところがあったとき、
それを学びによって補うか、誰かの力を借りて補うか、工夫してみましょう。
自分がその場で一番すてきな支援者になることが目的ではありません。
自分たちの場がよりよくなることが大切ですよね。
不完全な私たち。みんなで、補い合いながら、あたたかい場を作りましょう。

自分に対する自分のチェックと周囲の人のチェックがずれていたら？
どうしてそうなったか考えてみましょう。

不安になることがありますよね。
ごまかさないで！　今、あなたは成長のきっかけの最中にいます。
このリストは、じっくりじっくり考えるために作られました。

自分を知るのはとても大変なことです。
でも、きっと、きっと、その先にすばらしい出会いが待っています。

編著者　子育て支援者コンピテンシー研究会

代表：高山静子（保育の専門性研究所　代表・元東洋大学　教授）
渥美由喜（東レ経営研究所　ダイバーシティ＆ワークライフバランス研究部長）
今井豊彦（社会福祉法人日本保育協会　研修部）
汐見和恵（一般社団法人家族・保育デザイン研究所　所長）
武田信子（一般社団法人ジェイス　代表理事）
築地　律（三鷹市星と森と絵本の家　元館長）　（代表を除き五十音順）

子育て支援者コンピテンシー研究会 事務局　今井豊彦
E-mail hikotoyo101@gmail.com
Special thanks　一般財団法人こども未来財団　峯村芳樹

表紙カバー・本文デザイン◆竹内玲子
表紙カバーイラスト◆三浦雅子
本文イラスト◆三浦雅子　藤原ヒロコ　伊東美貴
大枝桂子　MICANO（登場順）
編集協力◆小川未佳　東條美香
編集担当◆石山哲郎　鶴見達也

育つ・つながる 子育て支援
具体的な技術・態度を身につける32のリスト

2009年　2月　初版第１刷発行
2025年　9月　第10刷発行

編著者　子育て支援者コンピテンシー研究会

発行人　大橋 潤
発行所　株式会社チャイルド本社
〒112-8512　東京都文京区小石川5-24-21
電　話　03-3813-2141（営業）　03-3813-9445（編集）
振　替　00100-4-38410
印刷所　共同印刷株式会社
製本所　共同印刷株式会社
ISBN 978-4-8054-0135-4
NDC 376　24×21cm　96P
